헨리 제임스의 초상
가장 코스모폴리탄한 미국 작가였던 헨리 제임스

유니온 스퀘어 풍경
헨리 제임스는 부산한 도시 뉴욕 한복판에서 태어났다. 사진은 작가가 태어난 워싱턴 플레이스21번지와 멀지 않은 곳에 자리한 유니온 광장.

라이의 램하우스
램하우스의 평화로운 정원 풍경.
램하우스 시절 헨리 제임스는 직접
정성들여 정원을 가꾸곤 했다.

❶ 유스턴 역

1869년 헨리 제임스는 성인이 되어 처음으로 런던에 방문한다. 비가 추적추적 내리는 삼월의 일요일 늦은 밤, 기차를 통해 유스턴 역에 도착한 그는 흥분을 감추지 못했다.

❷ 트라팔가 광장

1869년 런던을 방문한 헨리 제임스가 묵었던 몰리 호텔이 트라팔가 광장의 동편에 있었다. 호텔은 1936년 철거되었다.

❸ 볼튼가 3번지

1876년 작가는 최종적으로 런던에 정착하게 된다. 런던살이를 시작하면서 처음으로 구한 집이 이곳에 있었다.

❹ 드비어가든

1886년, 런던에 정착한지 정확히 10년째 되던 해 작가는 켄싱턴 지역에 있는 드비어 가든 34번지로 이사한다.

❺ 하이드 파크 이탈리안 가든

작가는 런던의 공원들을 가난한 사람들을 위한 응접실이자 사교클럽이라고 불렀다. 런던 도심에 거대하게 자리잡은 하이드파크는 21세기에도 각박한 도시 사람들에게 넉넉한 쉼터가 되어주고 있다. 작가가 사랑했던 이탈리안 양식으로 꾸며진 하이드파크의 북쪽 정원에 나는 자주 방문했었다.

❻ 랭커스터 게이트

『비둘기의 날개』의 두 주인공 케이트와 덴셔가 수수께끼 같은 대화를 나누며 음모를 꾸미던 베이스 워터 로드가 랭커스터 게이트를 중심으로 길게 뻗어 있다.

❼ 국립 초상화 박물관

작가와 친분이 깊던 화가 존 싱어 사전트가 작가의 육순 생일을 기념하여 완성한 초상화가 이 곳에 소장되어 있다.

일러두기

— 단행본, 잡지 등 책으로 간주할 수 있는 것은 겹낫표(『 』)로, 책의 일부나 단편소설,
　　신문 등은 홑낫표(「 」)로, 미술, 음악, 연극 등의 작품명은 홑화살괄호(〈 〉)로 표기했다.
— 외래어 표기는 국립국어원 외래어표기법을 따랐으나, 관습적으로 굳은 표기는
　　그대로 허용했다.

헨리 제임스

×

김사과

문명의 한복판에서 만난 코스모폴리탄

arte

헨리 제임스의 반신상

헨리 제임스가 노년을 보냈던 라이의 램하우스에 전시되어 있는 작가의 사진들과 반신상

CONTENTS

제국의 소설가

20대 초반의 헨리 제임스는 위대한 소설가가 되기로 결심했다. 꿈을 이루기 위한 그의 결단은 위대한 제국의 수도 런던으로 향하는 것이었다. 마침내 런던에 도착하기까지, 뉴욕과 보스턴, 파리, 베니스와 로마, 피렌체……. 지난했던 그의 행적을 쫓아 나 또한 낯선 도시들을 맴돌며 다양한 가면들에 가리어진 서구 문명의 얼굴을 맞닥뜨렸다. 어떤 가면은 감탄스럽게 화려했으며, 어떤 가면은 오싹하게 차가웠고, 어떤 가면은 달뜬 듯 열정으로 가득했다. 그리고 어떤 가면은 도대체 무슨 표정을 짓고 있는지 해석하기 난감했다.

어떤 날은 완벽하게 설계된 미로 같은 헨리 제임스의 소설을 지도 삼아 끝없이 늘어선, 잘 관리된 치아처럼 새하얀 대저택들 앞을 서성였다. 또 다른 날은 인적 없는 정원 안에서 길 잃은 유령처럼 멈춰 섰으며, 또 다른 날에는 초짜 도굴꾼처럼 어리둥절한 눈으로 박물관을 가득 채운 보물들을 바라보았다.

솔직히 말해서 요즘 세상에 제국과 문명이라는 두 단어는 이제 입에 담기에는 지나치게 근엄하고 예스러운, 거칠게 말해 한물간 단어라는 느낌이 든다. 너무 멀고 또 거대해서 쉽게 사유해 볼 엄두를 내기가 힘들다. 하지만 동시에 우리 인간이 창조해 낸 가장 찬란한 세계를 지칭하는 저 두 단어가 시간이 멈춘 듯 고요한 런던의 좁고 오래된 길모퉁이에서 두터운 베일을 젖히고 숨겨진 얼굴을 드러내는 순간이 있었다. 그리고 그것과 맞닥뜨린 나는 쇠락한 미래에서 온 시간 여행자, 다시 말해 귀신과 분간하기 힘든 수상한 존재로서, 환영과 분간하기 힘든 마술적 대상으로서의 과거, 내가 속한 현실과 달리 놀랍도록 화려하며 생생한 그 과거의 관능적인 어깨에 차갑게 식은 손을 어색하게 올려놓고, 어떤 식으로든 영적인 교류를 시도해 보려고 했지만 솔직히 불가능했다.

영락한 수도를 떠도는 제국의 유령들…….

제국의 수도란 무엇인가? 그것은 현실 속 지역의 범위이자 동시에 상상적인 힘이다. 그 둘이 교차되는 지점에서 국제성이 출현한다. 즉, 제국의 수도는 누구의 소유도 아닌 도시, 세계 도시 cosmopolis이며 그 도시의 시민은 어느 나라의 시민도 아닌 인간, 세계인cosmopolitan이다.

19세기의 국제도시는 나폴레옹 황제의 파리와 빅토리아 여왕의 런던이었다. 누구보다 완벽하게 코스모폴리탄으로 키워진 제임스가 미국 동부 뉴잉글랜드라는 변방의 촌마을을 버리고 제국의 심장부로 향하는 모험을 택한 것은 자연스럽다. 그가 어린 시절의 꿈인 파리 대신 런던을 택한 것 또한 그 시기 프랑스에서 제국이 몰락하고 공화정이 들어선 것과는 반대로 영국이 빅토리아 여왕의 품속에서 제국의 최전성기에 들어선 것에 비추어 볼 때 타당하다.

제임스는 생애의 대부분을 런던에서 보냈고, 죽기 직전 영국 국적을 취득하기도 했지만 진짜 영국인이 되지는 못했다. 고정된 정체성처럼 그와 거리가 먼 개념도 없었다. 그가 온 생애를 건 글쓰기를 통해서 갈망한 것은 안락한 소속감이 아닌 광기에 가까운 자유였다. 오직 제국의 수도만이 그런 극단적 형태의 정신적 자유를 개인들에게 선사한다. 그곳에서라면 단단히 뿌리내린 정체성 없이 수십 년간 도시의 표면을 표류하는 채로 지내는 것이 가능하다. 모두가 떠돌이들, 굴러 들어온 돌멩이들이기 때문이다. 바꿔 말하자면 코스모폴리스에서의 삶은 단단한 정체성의 형성을 불가능하게 만든다. 그곳에서는 적응하지 않아도, 아니, 영원히 적응할 수 없다. 즉, 코스모폴리스의 삶은 항구적 망명객의 삶이다.

오직 제국의 수도만이 망명을 허용한다.

제임스는 완벽하게 망명객의 삶을 살다 갔으며, 이후 그와 비슷한 삶을 살며 글을 쓴 미국인은 존재하지 않는다. 미국인이었으나 완벽하게 유럽식으로 교육받았고, 미국 소설가였지만 영국 문학의 전통에 속해 있으며, 파리를 꿈꾸었지만 런던에 정착했고, 하지만 가장 사랑한 땅은 이탈리아였다. 엄청난 부를 지녔지만 사회적 위치가 결여된 그의 소설 속 주인공들 또한 그와 마찬가지로 희귀한 떠돌이들이었다. 그들은 활짝 펼쳐진 돈의 날개 아래를 이리저리 굴러다니며 곤경에 처하곤 한다. 그들이 자신의 허약한 운명을 조금이라도 개선하는 데 성공한 것은 마지막 소설 『황금의 잔The Golden Bowl』에 이르러서다. 제임스의 문학 세계가 보여 준 탁월한 지점은 그가 자신이 속했던 희귀한 리얼리티를 타협 없이 끝까지 밀어붙여 독자적인 미학으로 승화시켰다는 점이다. 그는 자신이 내린 선택 덕분에 온갖 어려움을 겪어야 했지만 굴하지 않았다. 그는 문학의 궁극적 관대함과 자유를 믿었다.

현실 세계에서 그는 어디에 있든 어색함을 느꼈다. 무신론자로 키워져 뉴잉글랜드의 청교도주의를 이해할 수 없었던 그는 발자크의 파리를 선망했지만 편협한 파리 문학계는 이방인에게 좁은 문을 열어 주지 않았다. 결국 런던에 정착하는 데 성공했지만, 각광받는 사교계 인사가 된 뒤에도 런던 사람들에게 자신이 그저 미국에서 온 괴짜 소설가로 여겨지고 있는 것은 아닐까 이따금 의심했다. 한편, 그의 타협 없는 글쓰기는 가족에게조차 이해받는 데 실패했다. 미국 동부 지식인 사회에서 막대한 영향력을 지녔던 아버지와 형은 마지막까지도 그의 소설 세계를 폄하했다. 평생에 걸쳐 친밀한 관계를 맺어 온 형은 종종 그의 글이 현학적일 뿐이라며 악담을 늘어놓았다. 그의 난해한 문학 세계는 미국의 실용주의

헨리 제임스에 대한 무명無名의 찬사

천국에는 수학도 없고 역사적 사건이나 위인의 이름을 배울 필요도 없다. 그저 금빛 하프를
연주하고 헨리 제임스를 읽을 뿐이다.

적 전통 앞에서 번번이 비아냥의 대상이 되거나 혹은 외면당했다.

하지만 끝내 그의 소설들은 살아남는 데 성공했다. 타고난 코스모폴리탄이었던 그가 말년에 도시의 삶을 등지고 영국 남동부의 작은 마을 라이에서 칩거의 시기를 보내며 완성한 후기 삼부작 『비둘기의 날개*The Wings of the Dove*』, 『대사들*The Ambassadors*』, 『황금의 잔』의 빼어난 성취는 20세기 초반에 등장한 모더니스트 영문학의 초석이 되었다. 정교하게 직조된 카펫에 비견될 수 있는 치밀하고 섬세한 문장들과 숨이 막힐 정도로 집요한 심리 묘사, 그리고 한 치의 오차도 없이 정밀하게 계산된 시점視點의 활용은 이후 제임스 조이스와 버지니아 울프, D. H. 로런스 등으로 이어지는 영문학의 성취를 가능케 했다. 과장해서 말하자면 제임스가 없었다면 20세기 영문학은 존재할 수 없었다.

—

제국과 문명, 그것은 여전히 내겐 낯선 세계다. 그리고 제국의 수도, 신기루처럼 반짝이는 문명의 표면을 우아하게 떠다니는 제임스 소설 속 인물들 또한 외계인들처럼 생경하다. 사실 그들이 완벽한 언어와 몸가짐으로 표류하던 그 시기의 유럽은 정치경제적 혼란의 한가운데에 있었다. 전쟁을 향해 돌진하는 일촉즉발의 위기 상태였다. 하지만 『카사마시마 공주*The Princess Casamassima*』를 제외하면 그의 소설 속에서는 파국적인 현실이 깔끔하게 삭제되어 있다. 그 깔끔한 손길은 할리우드 영화 속 베테랑 살인 청부업자의 완벽한 뒷처리를 떠오르게 하는 데가 있다. 티끌 하나 없이 완벽한 제임스 소설 속 풍경은 기이한 공포의 감정을 불러일으킨다. 그가 그리는 세계가 작은 먼지 하나 없이 완벽할수록, 독자들은 필연적으로 그들이 밟고 선 희생자들의 시체와 피를 상상하게 된다. 적어도 나는 그랬다. 더없이 인상적인 장면들을 위해 얼마나 많은 것들이 희생되어야 했을까? 또는, 모든 불필요한 것들을 지워 낸 그 완벽한 세계라는 것의 정체는 도대체 무엇일까? 거기엔 대체 누가, 어떻게, 살아가고 있는 걸까?

결론적으로 이 책을 통해 내가 전하고 싶은 것은 19세기 후반 가장 국제적이었던 인간의 진짜 모습과, 그것을 가능케 한 인간 문명의 본질적 폭력성에 대한 것이다.

피라미드의 꼭대기, 정지된 듯 기이한 침묵 속 완벽한 풍경. 제임스 소설 속 인물들은 황금으로 도금된 철창 속에 갇혀 있다. 희생자들의 비명과 핏자국이 솜씨 좋게 제거된 그곳은 문명의 최정점에 놓인 화려한 응접실이다. 그곳에서 벌어지는 일은 최상위 포식자들, 지배자들, 부자들, 권력자들, 즉 뱀파이어 백작과 암사자 공작부인, 그리고 그들의 불운한 희생자 친구들을 초대 손님으로 하는, 잔혹한 저녁 만찬이다. 바깥세상을 가득 채운 사나운 충돌이 이곳에서는 조금 다른 방식으로 펼쳐진다. 만찬장의 근사한 손님들, 그들 노련한 사냥꾼들은 차갑고 육중한 대리석 탁자 뒤에 몸을 숨긴 채, 끝 모를 참을성으로 기다린다. 아주 작은 날갯짓으로도 모든 게 망쳐지고 말 것을 잘 알고 있기 때문이다. 바람마저 정지된 듯한 고요 속, 긴장감으로 터질 듯한 순간이 영원히 이어지는 듯. 하지만 어느새 기척 없이 다가온 맹수 한 마리가 순식간에 먹잇감의 숨통을 끊어 놓는다. 단 한 방울의 피도 낭비되지 않는다. 다음 순간, 희생자는 더 이상 그곳에 없다. 끝.

　풍경은 다시금 그림같이 완벽.

　이것은 내가 한 번도 접한 적 없는 세계다. 왜냐하면 나는 피라미드의 꼭대기에 닿았던 적이 없으니까. 나는 한 번도 위대한 제국의 일원이었던 적이 없다. 제국은 나를 신경 쓰지 않고, 나 또한 제국에 관심이 없다. 그렇게 우리는 오랫동안 '적절한' 관계를 유지해 왔다. 이 적절함은 나에게 제국에 관련한 상상력이 완벽하게 결여되어 있다는 뜻이기도 하다. 나는 희생자들의 지평 너머를 바라본 적이 없다. 즉, 가해자들의 눈으로 세상을 바라본 적이 없다. 수천 년이 그저 위대한 희생의 역사였노라 구슬프게 노래하는 나의 조국에서 그것은 암묵적으로 금지되어 있는 행위다. 다만 저 멀리 과거의 찬란한 제국들이, 무시무시한 정복의 역사가 존재했었고, 그러나 이제는 그 모두가 과거지사다. 우리 인류는 다 함께 평등한 평화를 향해 나아가기로 한다. 절대 쉽지만은 않겠지만……. 이렇게 좋고 좋은 식으로 흐리멍덩한 이야기들에 둘러싸여 살아온 나의 입장에서 제임스의 소설들, 특히 그의 후기 삼부작을 읽는 것은 늦은 나이에 생애 최초의 발레 수업에 참여한 듯 생경한 경험이었다. 한 번도 써 본 적 없는 근육을 움직여 보는 것만큼이나 고통스럽고 낯선 경험이었다. 이렇게나 많은 맹수들에게 둘러싸이는 것은 난생처음. 깜짝 놀라 도망치려다 보니 그 맹수들은 아주 예쁜 금박 철창에 갇혀 있다. 서로를 잡아먹지 않고는 충족될 수 없는 본능을, 황금으로 도금된 철창에 갇힌 채로 인내하는 맹수들. 그들은 보기에 지극히 좋다. 나를 통째로 집어삼키기 전까지는 말이다.

그들은 지금은 얌전히 철창에 갇혀 있는 신세지만 문이 열린 순간 돌변하여 나를 꿀꺽 삼켜 버릴 테니 무섭다. 혹은 그들은 무시무시한 맹수들이지만, 저 안에 갇혀 있으니 꽤 안심이 된다. 이 공포심과 안도감 사이에서 끝없이 요동치는 마음, 그것이 제국과 문명에 대해 고찰해 볼 때마다 처하게 되는 나의 솔직한 심리 상태다.

여기까지, 헨리 제임스와 그의 문학에 관한 나의 진술이 모호하게, 그저 횡설수설로 느껴질지도 모르겠다. 지난 몇 년 동안 그의 생애와 작품들의 발자취를 쫓고 이해하려고 노력하면서, 나는 제임스라는 엄청나게 정교하게 축조된 대성당의 스테인드글라스 한두 개를, 그것도 엉망으로 지저분하게 (주위의 값나가는 조각상들을 다 깨부수면서) 뜯어낸 정도인 듯 느껴진다. 하지만 혹시, 책의 말미에 이르면 이 혼란의 한복판에 어떤 희미한 빛 같은 것이 비치지 않을까? 말로 표현하기 어려운, 그러나 분명히 거기 존재하는 어떤 것의 실체와 잠깐이나마 접촉할 수 있지 않을까? 사나운 맹수의 총천연색 눈동자를 정면으로 마주 볼 수 있는 순간이 단 1초라도 있지 않을까? 물론, 1초도 너무 길다. 바라보는 자의 영혼까지 얼어붙게 만드는 맹수의 그 기이하고 아름다운 눈동자를 응시하는 것은 먹잇감 혹은 광인만이 할 수 있는 짓이다.

하니 독자들이여, 광인 혹은 먹잇감이 될 준비가 되어 있는가? 스스로를 재물로 바칠 객기로 충만한가? 그렇다면 외출 준비를 하자. 가지고 있는 가장 좋은 옷과 구두를 꺼내도록. 오늘 밤 우리는 가장 화려하고 웅장한 응접실로 향할 것이다. 그곳은 잔인한 맹수들로 가득하다. 희생자들의 시체는 어디에도 보이지 않는, 작은 핏자국 흔적조차 남기지 않는 프로들의 살벌한 전투 속으로, 가장 내밀한 폭력의 현장으로 바로 지금 잠입해 보자.

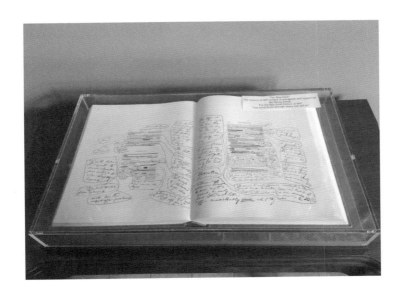

헨리 제임스의 친필원고
복잡하고 섬세한 문장들과 집요한 심리묘사, 그리고 정교한 시점視點의 사용 등은 이후 현대
영문학의 초석이 되었다.

01

HENRY JAMES

뉴욕

테러블 타운

　맨해튼에 있을 때, 이따금 보이지 않는 커다란 주먹으로 얻어터
지는 느낌을 받는다. 또는 멍하니 마비되는 느낌. 그게 전부.
　그 느낌이 가장 증폭되는 공간은 뉴욕 지하철 1호선이다. 사납
고, 피곤하고, 지긋지긋한, 하지만 절대 낙오될 여유 따위 없는 전
투적인 소시민의 일상이 거기 있다. 관광객과 구걸자들, 파티피플
과 퇴근하는 노동자들이 뒤섞인 아수라장의 금요일 오후 5시 반,
눈부시게 밝은 신형 지하철의 조명 아래, 빠져나갈 틈 없는 사람
들의 짜증이 속수무책으로 쌓여 간다. 그러나 누군가 폭탄이라도
던진다면 우리는 모두 하나가 되겠지. 같은 저질 농담을 곱씹으며
지하철을 빠져나와 지상으로 향하면, 뭘 기대하는가. 유니온스퀘
어 곳곳에 자리 잡은 거리 예술가들의 퍼포먼스에서는 티끌만큼
의 낭만도 느낄 수 없다. 그들은 차라리 강남역 한복판의 화장품
가게 판촉 행사장 앞, 뿌연 대기 속을 흔들거리는 공기인형들을

뉴욕의 지하철
내가 볼 때 서울이 뉴욕과 가장 닮은 부분은 지하철 1호선의 분위기다.

닮아 있다.

광장을 가로질러 커피숍에 들어가 아이스커피를 주문한다. 플라스틱 빨대를 물고 구글맵이 찍어 준 대로 워싱턴 플레이스 21번지를 향해 걷기 시작한다. 한 모금 커피를 들이켠 순간 순식간에 카페인에 마비된 나는 더 이상 주말 인파로 가득한 브로드웨이 길이 무섭지 않다.

커피를 마신다는 것은—

아침에 커피를 한 잔 마시기 전까지는 스스로에 대해서 약간 반죽이 되다 만 듯한, 실수로 절반만 구워진 척척하고 끈적한 쿠키 같은 느낌을 받는다. 혹은 절반만 튀겨진 돈가스, 절반만 비벼진 비빔밥……. 하지만 위점막이 깔끔하게 카페인으로 코팅되고 나면 많은 것이 달라진다. 완전히 새로운 인격으로 재구성된 듯한 느낌, 설익은 만두였던 내가 순식간에 잘 커팅된 모조 크리스털로 탈바꿈된 듯한 굉장한, 카페인에 입각해 과장하자면 약간 사흘 만에 부활한 그런 느낌이다. 그것은 이상적인 21세기 인간이라면 깨어나 눈떠 아이폰을 손에 쥔 바로 그 순간 즉시 느껴야 마땅한 감정으로서, 하지만 현실적으로는, 또한 합법적으로는, 에스프레소 더블샷 정도의 자극에 의해서만 가능하다. 이 끔찍한 신경과민의 활력은 이 부담스러운 도시에서 오늘 하루도 성공적으로 살아남기 위해 아니 남은 하루를 통째로 도시라는 요물에게 갖다 바치기 위해 꼭 필요한 능력이다.

물론 카페인의 마술은 극히 짧은 순간 기능할 뿐이다. 아주 찰나를 제외하면 대체로 덜컹대는 하강기에 불과한 심리 상태를 야기하는 이 기이한 액체는 그렇다면 무용지물의 이데아 같은 것일까? 내가 방금 깨달은 것은 카페인의 99퍼센트에 달하는 부작용이 사람들이 진짜로 원하는 것이라는 사실이다. 찰나의 고양감이 사라지고 몰려드는 짜증과 불안의 시간은 생산성을 생산해 낸다. 뭔가 계속 '하게' 만든다는 말이다. 바닥 없는 짜증에 의해 온 몸의 뼈가 쑤셔 대는 것이 느껴지는가? 그것을 수습하기 위해 엄청난 양의 뭔가를, 자 이제 우리는 시작하는 것이다. 인간이란 동물에게 생산성이란 애초에 부자연스러운 것이고, 부자연스러운 것을 자연스럽게 만들려면 극단적인 처방을 하는 수밖에 없다. 지금 내 앞에 그 극단적인 처방들의 부작용으로 만들어진 가장 과격한 도시 문명이 있다. 문명의 최전선에 선 전사들에게는 제대로 된 전투를 위해 여러 가지 전투 장비가 필요하다. 성격 파탄의 카페인, 애더럴에 잠 못 이루는 밤, 졸피뎀을 통한 기억상실의 기쁨, 프로작이 들려주는 그토록 케미컬한 자장가와 마지막으로 누구보다 유능한 자살특공대 펜타닐에 이르기까지, 곧 아무런 약도 하지 않는 인간은 올더스 헉슬리의 『멋진 신세계』 속 야만인 존의 취급을 받게 될 것이다. 아니 이미 그러하다.

(잠시 침묵.)

솔직히 더 이상 생각이 안 된다. 뇌가 완전히 마비되었다. 솔직히 더 이상……. 하지만 햄스터 쳇바퀴 돌 듯 빙글빙글빙글 돌기 시작한 김에 계속해서 돌아 보자면, 내 생각에 사람들은 뉴욕에 비즈니스를 하러 온다. 사기를 치러 온다는 얘기다. 그렇지 않고서야 이 활력 넘치는 도시의 항구적인 정체 상황을 이해할 수 없다. 내가 보기에, 이 도시에서는 어떤 새로운 것도 생겨나지 않는다. 생산성을 끌어올리는 것에 모두가 혈안이 되어 있는 장소에서 아무것도 생산되지 않는다는 것은 아이러니하지만 사실 당연하다. 다시금 생산성이란 개념을 요약해 보자면 내 앞에 나타난 이 멀끔한 대학교의 학생들이 스타벅스 더블샷 에너지 플러스 커피에 의존하여 온종일 아무도 읽지 않을 페이퍼를 수천 수만 편씩 찍어 내는 것. 현존하는 아이디어를 잘게 부수고, 조립한 뒤, 쓰레기 더미big data와 결혼과 이혼을 반복하여 마침내 아무도 살지 못할 비싸고 황폐한 슬럼가(맨해튼)의 지도를 만드는 것이 아닐까?

그렇다. 마침내 모습을 드러낸 뉴욕대학교 캠퍼스 한편, 지도상 워싱턴 플레이스 21번지라 찍힌 곳에는 아무것도 없다. 마치 모든 것이 증발해 버린 듯이 멀쩡하다. 1905년 그 무자비한 풍경 앞에 선 헨리 제임스는 원조 뉴요커답게 쿨했다.

> 얼마간 '신성해 보였던' 회색의 대학 건물은 내가 태어난 집을 포함한 두서넛의 인접한 건물들과 함께 지구에서 사라져 버렸다.
> — 헨리 제임스, 『미국의 장면들』 중

사라진 것은 1905년 그가 묵었던 우아하고 세련된 월도프아스토리아 호텔도 마찬가지다. 호텔이 미드타운으로 자리를 옮기고, 원래 있던 곳에는 엠파이어스테이트 빌딩이 들어섰다.

소설가의 표현에 의하면 "쿠션 위 틈이 보이지 않을 만큼 빼곡하게 꽂힌 커다란 핀셋들"처럼 보이는 뉴욕의 고층 빌딩들은, 여

워싱턴 플레이스
헨리 제임스가 태어난 워싱턴 플레이스 21번지에는 이제 뉴욕대학교의 일부만 있을 뿐이다.

유를 감당할 여유가 없다. 엄청난 덩치를 좁은 공간에 차곡차곡 쌓아 놓고 있는 그 빌딩들은 미니버스에 억지로 몸을 욱여넣은 미식축구 선수들처럼 우스꽝스러워 보인다. 하지만 어쩔 수 없다. 이 고도로 효율적인 도시에서 사람들은 요정이나 난쟁이처럼 이미 충분히 작더라도 계속해서 더 찌그러져야 하는 운명이다. 아마도 그렇게 기꺼이 찌그러지고 또 납작해지기 위해서 다들 이곳으로 오는 것이겠지? 그렇게 찌그러지고 또 쭈그러드는 것을 통해 도달하고자 하는 목표들은 사람들마다 다르겠지만 슬프게도 성공은 쉽게 오지 않는다. 도시 자체가 굉장한 속도로 달려드는 엄청난 덩치의 미식축구 쿼터백 같은 이 도시에서는 일단 살아남는다는 것 자체가 절대 쉬운 일이 아니기 때문이다. 적어도 진한 커피가 한 잔 더 필요하다. 적어도 지금의 나는 그렇다. 엠파이어스테이트 빌딩 입구에 늘어선 인파들을 지나쳐, 코리아타운의 좁은 골목을 통과, 그릴리 스퀘어를 꽉 채운 관광객들을 밀치며 횡단보도를 가로질러, 오래된 벽지가 아주 예쁜 커피 가게에 들어간 나는 미칠 듯이 이국적인 이름을 가진 9달러짜리 핸드드립 커피를 주문한다. 커피를 다 비운 나는, 이제는 완전히 정신이 나가 버린 채로 21세기 글로벌 커피 문화에 대한 엄청난 이론을 완성할 수 있을 거라고 예감한다. 그것은 완벽하고 대단한 이론이 될 수밖에 없다. 예를 들자면 이런 것이다. 에티오피아, 콜롬비아 같은 이국적인 나라의 이름을 가진 커피를 마실 때면 마치 그 나라를 통째로 갈아 마시는 것 같은 기분이 들지 않는가? 찻잔 속 검은 물 너머 거대한 열대의 플랜테이션의 장관이 펼쳐지고, 알록달록 늘어선 나의 친애하는 노예들을 관대한 미소를 지은 채로 지나치는, 좁은 흙길을 따라 뭐뭐 에코 샌들 같은 것을 신고 걸어가는 나의 어떤 '주인'적인 당당함이 연상되지 않나? 즉, 내가 말하고 싶은 것은, 과거(제국)에 대한 무한한 동경과 그리움이 21세기 산업의 요체라는 것이다. 그러니까 커피라는 것은…… 고백컨대, 이 말도 안 되는 헛소리가 굉장히 획기적으로 느껴지는 나 자신이 이제는 스스로도 꽤 위험하게 느껴진다. 정신을 차려야 한다. 그래, 제임스에 대해서 생각해 보자. 그 미스터리한 소설가의 고향, 빌어먹을 뉴욕에 대해서…… 생각을 좀…….

테러블terrible 타운. 제임스는 언젠가 한 에세이에서 자신이 태어난 도시 뉴욕을 그렇게 불렀다. 끔찍한 도시. 뻔뻔하고, 못돼 처먹었고, 파렴치하며, 치명적인, 예쁜이! 그렇다. 이 빌어먹을 도시는 온갖 악덕을 덕지덕지 붙이고 있지만, 결국엔 사랑하지 않고는 못 배길, 어떤 큰 잘못을 저질러도 번번이 슬쩍 용서받고 마는 끝장나는 행운아, 매일매일의 가판대 가십난을 화려하게 장식하는 그런 악명 높은 스타라고 할 수 있다. 모두가 동경하고, 모두가 비난하고, 모두가 손에 넣고자 하는, 모두가 경멸하고 또 모두가 사랑하는, 나로서는 전혀 감당이 되지 않는 이 대단한, 세기의 소셜라이트socialite! 최고의 사교계 명사의 심장부에서 태어난 아이 제임스는 채 한 살이 되기도 전에 유럽으로 향하는 배에 올라타게 된다. 생애 마지막까지 지속된 정처 없는 방랑자 운명의 시작이다.

뉴욕 미드타운의 빌딩숲
뉴욕의 빌딩들은 여유를 감당할 여유가 없다.

이사가 잦은 아이

헨리 제임스의 조부 윌리엄 제임스는 미국 독립전쟁 직후 아일랜드를 떠나 미국 뉴욕에 정착했다. 뉴욕의 작은 상점에서 점원으로 일하던 그는 틈틈이 모은 돈으로 뉴욕 주 북부와 맨해튼의 땅을 구입했고, 금융업과 소금 생산에 뛰어들어 큰 부자가 된다. 그는 죽을 때 300만 달러(현재 가치로 약 9000억 원) 상당의 유산을 남겼다. 유산 배분에 따라 헨리 제임스의 아버지인 헨리 제임스 시니어는 매년 1만 달러(현재 가치로 약 30억 원)를 지급받게 되었다. 이 돈 덕택에 그는 오랜 세월 특별한 직업 없이 유한계급의 삶을 살아갈 수 있었다.

둘째 아들인 소설가 헨리 제임스에게 자신의 이름을 물려준 아버지 헨리 제임스는 윌리엄 제임스의 셋째 아내에게서 태어났다. 예민한 성격을 타고난 그는 엄격한 집안 분위기를 견디지 못했다. 열 살 때 집 근처 구둣방에 술을 숨겨 둔 다음 학교 가는 길에 몰래 마시다가 발각되어 혼나는 등 아버지와 잦은 마찰을 빚었다. 열세 살 때는 열기구를 띄우다가 심각한 화상을 입어 오른쪽 다리를 절단하게 된다. 이후 평생을 의족에 의존하여 살아가게 된다.

대학에 진학한 헨리 제임스는 엄격한 집안 분위기에서 해방되어 사치스러운 생활에 빠져든다. 방탕해진 아들의 소식을 전해 들은 윌리엄 제임스는 격노했고, 헨리 제임스는 보스턴으로 도망친다. 몇 년 뒤 아버지의 사망으로 자유를 얻게 된 그는 아이러니하게도, 혹은 자연스러운 귀결로서 정신적 방황에 빠져들게 된다.

두 차례의 심각한 신경 쇼크를 겪은 그는 스웨덴의 과학자이자 신비주의자 스베덴보리*의 사상을 접함으로써 정신적 안정을 되찾는다. 이후 그는 프랑스의 사회주의 사상가 푸리에**와 스베덴보리의 이론을 바탕으로 몇 권의 책을 써서 뉴욕과 뉴잉글랜드 지역 사회에서 이목을 끌게 된다. 그는 또 다른 스베덴보리주의자들, 그리고 같은 시기 미국 동부의 저명한 사상가였던 에머슨*** 등과 교류하며 지역사회 안에서 명성을 쌓아 가게 된다.

스물아홉이 되던 해 그는 한 살 연상의 메리 로버트슨과 결혼식을 올렸다. 첫째 아들에게는 할아버지의 이름 윌리엄을 물려주었고, 둘째 아들에게는 자신의 이름 헨리를 물려주었다. 이어 셋째 윌킨슨, 넷째 로버트슨, 막내딸 앨리스가 태어나는 긴 세월 동안 제임스 부부는 한곳에 정착하지 못하고 맨해튼에서 알바니아로, 다시 런던, 파리, 그리고 제네바로 정처 없이 떠도는 생활을 한다. 평소 굉장히 다정했다 전해지는 아버지 헨리는 하지만 근본적으로 충동적이고 예민한 성격이었다. 수시로 혼란과 회의에 빠져들었던 방랑자 기질의 그가 유일하게 기댈 수 있는 사람은 헌신적이고 강인한 아내 메리뿐이었다. 자식들에게도 마찬가지였다. 그녀는 아내이자 어머니, 제임스 집안의 든든한 기둥이자 해결사, 정

* 에마누엘 스베덴보리Emanuel Swedenborg(1688~1772): 18세기 스웨덴의 과학자, 철학자, 신비주의자.

** 샤를 푸리에Charles Fourier(1772~1837): 프랑스의 공상적 사회주의자.

*** 랠프 월도 에머슨Ralph Waldo Emerson(1803~1882): 보스턴 출신의 사상가이자 시인으로 19세기 중반 초월주의운동의 기수였다.

신적 버팀목으로서 자신에게 주어진 모든 역할을 완벽하게 해내었다.

어머니 없이는 아무것도 하지 못하는 유약한 아버지와 반대로 언제나 초연하게 모든 것을 감당하는 어머니의 모습은 헨리 제임스에게 아주 일찍부터 결혼, 가족, 그리고 사랑에 관한 의문과 공포를 가져다주었다. 어머니가 없다면 우리는 어떻게 될 것인가? 어머니가 위대하게 느껴질수록, 그녀를 향한 가족의 대책 없는 의존이 그는 염려되었다. 가끔은 의문이 들기도 했다. 혹시 강인한 어머니가 허약한 아버지를 집어삼켜 버린 것은 아닐까? 이렇게 그는 아주 어려서부터 사적인 관계 이면의 은밀한 권력 투쟁에 관심을 갖게 되었고, 이후 동일한 주제가 그의 삶과 소설에서 변주되며 반복되는 것을 볼 수 있다.

그의 아버지는 자식들에게 미국 문화에 대한 자신의 부적응자 기질을 물려주었다. 일단 본인 스스로가 다른 평범한 미국 아버지들과 달랐다. 미국 남자들에게 정체성의 상징과 같은 공식적 '직업'이 그에게는 없었다. 한편 아이들을 미국의 주류 종교(개신교)와 교육방식에서 멀리 떼어 놓았다. 제한 없는 자유를 자식들에게 선사해 주고 싶다는 것이 이유였다. 결과적으로 그의 아이들은 교회와 학교, 즉 그 시기 미국의 가장 기본적인 사회적 단위에 대한 감각을 익히지 못한 채로 성장했다. 잦은 여행의 결과로서 여러 도시와 학교들에 관한 조각난 기억들만이 가득했다. 도대체 무엇을 기준으로 삼아야 하는가? 다른 사람들은 어떻게 살아가는 걸까? 아이들에게는 조국 미국의 모든 것이 모호하고 신비롭게만 느껴졌다.

요약하자면 아버지 헨리 제임스는 자신의 아버지를 싫어했고, 조국 또한 마음에 들지 않았다. 특별한 삶의 방향성이나 목표가 없었으며, 다행인지 불행인지 경제적인 여유가 있었다. 이런 희귀한 삶의 조건을 토대로 그는 자식들에게 일종의 교육실험을 행했다. 문제는 그 실험에 방향성과 목표가 없었다는 것이었다. 아니, 방향성도 목표도 없는 교육을 이상적으로 여긴 것이 진짜 문제였을까? 그는 언제나 고뇌했다. 미국에 있을 때는 유럽 학교들의 교육방식을 그리워했고, 유럽에 있을 때는 미국 학교들의 교육방식이 더 나은 것 같았다. 학교에 보내고 나면 가정교사가 더 나은 것 같고, 가정교사를 채용하고 나면 다시 학교에 보내고 싶어졌다.

어른으로 자라난 제임스가의 아이들은 하나같이 정신적인 문제에 시달렸고, 사회적으로 고립되었으며, 삶 자체를 커다란 혼란으로 받아들이게 되었다. 첫째 윌리엄은 아버지와 비슷한 신경 쇼크를 겪어야 했다. 셋째 윌킨슨과 넷째 로버트슨은 미국 독립전쟁에서 활약하며 이른 나이에 삶의 전성기를 맛보지만 이후 사업 실패, 심리적 방황, 알코올중독 등으로 불운하게 삶을 마감하게 된다. 사후에 일기 작가로 명성을 얻게 되는 막내 앨리스의 삶은 고독하고 병약했다. 헨리 제임스가 집안의 유일한 생존자라고 할 만했다. 그는 자신의 정신적 혼란을 문학으로 형상화해 내는 데 성공한, 그리고 평생을 코스모폴리탄으로 살아간 희귀한 미국인 예술가였다. 하지만 코스모폴리탄이란 과연 축복인가? 그는 1888년

형 윌리엄*에게 보낸 편지에서 이렇게 적었다. "이 총체적으로 '국제적인' 정신상태에 죽을 만큼 지쳤다."

—

1860년, 헨리 제임스가 17세가 되던 해, 마침내 제임스 가족은 미국으로 돌아와 뉴잉글랜드 주 뉴포트에 정착한다. 잦은 이주의 나날 가운데, 유일하게 청소년기의 추억이 어린 곳이다. 둘째 헨리는 처음으로 친구들을 사귀며 활기찬 유년시절을 보냈다. 그때 알게 된 토머스 서전트 페리, 존 러파지** 두 사람과 평생에 걸쳐 교류하게 된다.

한편 뜬금없이 화가가 되겠다고 선언했던 형 윌리엄은 다시금 갑작스레 그림을 그만두고 하버드대학에 진학한다. 언제나 형의 뒤를 그림자처럼 쫓던 헨리도 하버드에 가겠다고 했다가 아버지의 반대에 부딪힌다. 둘째 헨리는 몇 년 뒤 문학이라는 자신만의 길을 찾기 전까지, 차남이라는 자신의 위치에 사로잡힌 듯 언제나 형의 뒤를 바짝 쫓았다. 형이 학교에 가면 자기도 가야 하고, 형이 그림을 그리면 자신도 그림을 그려야 했다. 그러니까 이번에는 형이 하버드에 갔으니 나도 하버드에 가야겠다는 결론에 이르게 된 것이다. 결국 그는 아버지의 반대를 꺾고 하버드에 진학한다.

* 윌리엄 제임스Willam James(1842~1910): 미국의 저명한 실용주의 철학자. 제임스 집안의 장손.
** 존 러파지John La Farge(1835~1910): 미국의 화가. 풍경화를 주로 그렸다.

하지만 하버드는 그가 상상한 곳과 전혀 달랐다. 무엇보다 참을 수 없게 시골스러웠다. 뉴욕 한복판에서 태어나, 나폴레옹 황제의 흔적이 남아 있는 파리와 제국의 수도 런던을 목격한 헨리 제임스에게 소박한 미국 동부 소도시의 삶은 견디기 어려웠다. 몰취미한 시골 의사의 아내가 되어 매일같이 파리를 염원했던 보바리 부인처럼, 그는 뉴잉글랜드의 황량함에 절망하며 유럽을 그리워했다. 결국 그는 케임브리지에 적응하지 못했다. 이후로도 한 차례 더 이어진 케임브리지 생활에서 맛본 괴로움은, 그가 자신의 고향인 뉴잉글랜드를 버리고 유럽으로 향하는 결단의 계기가 된다.

하지만 이 시기는 그가 문학이라는 소명을 찾는 중요한 순간이기도 하다. 어린 시절부터 이어져 온 광범위한 독서(대체로 영국과 프랑스의 문학작품들)를 바탕으로 한 인상적인 비평문과, 단편소설을 차례로 내어놓으며 그는 자신의 문학적 재능을 차근차근 키워나간다. 그가 글쓰기를 시작하고 자신감을 갖던 이 시기, 형 윌리엄은 브라질로 떠나 집에 없었다. 그런데 신기하게도 형이 귀국하자 그의 창작욕은 급격히 떨어진다. 이후 의학 공부를 시작한 윌리엄이 메사추세츠 주립병원에서 실습을 시작하고 요통, 불면증, 눈병, 소화불량 등 자잘한 질병에 시달리다 지쳐 요양을 위해 독일로 향한 뒤 헨리 제임스의 창작열은 마법처럼 되돌아온다. 이후로도 평생에 걸쳐 그는 형과 함께 있으면 급격하게 슬럼프에 빠졌다가 혼자가 되면 활력을 되찾는 특이한 패턴을 반복한다. 표면적인 우애와 다정함 아래에는 복잡한 어두움이 감추어져 있던 것일까? 저명한 작가가 된 뒤에도 형 윌리엄과의 관계는 항상 불편했다. 윌리엄 제임스는 이따금 편지를 통해 동생의 글에 대해 지독한 혹평을 늘어놓았다. 헨리 제임스는 화를 내면서도 매번 형의 의견에 귀를 기울였다. 알 수가 없다. 형제란 원래 이런 것인가?

—

작가적 야심을 차근차근 키워 나가던 20대 초반의 헨리 제임스는 한편으로 어린 시절의 추억이 서린 유럽을 향한 욕망 또한 구체화해 나갔다. 유럽 정복, 그것은 그의 사적 판타지이자 동시에 문학적 성공을 위한 현실적인 목표였다. 비평서 『호손』에서 헨리 제임스는 영국과 비교하여 뉴잉글랜드에 결여된 것의 목록을 나열한다. 그럴듯한 상류 사회도, 압도적인 대성당도, 로맨틱한 중세의 폐허도 없는 이 꽉 막힌, 소박한, 아니 황폐한 호손의 청교도적 세계가 그는 지긋지긋했다.

주권도, 법정도 없다. 사적 신뢰도, 상류층도, 성직자도, 군대도, 외교관도, 대지주도, 궁전도, 성채도, 장원도, 지방 귀족의 낡은 대저택도, 목사의 사택도, 초막도, 덩굴에 뒤덮인 폐허도 없다. 대성당도, 대수도원도, 노르만 양식의 교회도 없다. 명문 대학도, 기숙학교도—옥스퍼드도, 이튼도, 해로우*도 없다. 문학도, 소설도, 박

---

* 이튼Eton과 해로Harrow는 영국의 양대 명문사립학교이다.

물관도, 회화도, 정치계도, 경마대회도—앱솜도 에스콧*도 없다!

— 헨리 제임스, 『호손』 중**

이 숨 막히는 세계가 자신의 소설적 야심의 배경이 될 수는 없다고 그는 확신했다. 발자크, 조르주 상드 같은 유럽의 대작가들과 대결하고자 하는 야심 찬 젊은이의 눈에, 동료 미국인 작가들은 현실에 안주하는 소심한 족속들로 보였다. 재능이 있는 사람들조차 그 작은 세계에서 벗어날 생각을 하지 못하는 것을 보며 그는 답답했다. 그가 보기에 미국은 공장과 사업가들의 세계, 즉 남자들만으로 이루어진 터프한 세계와 떠들썩한 댄스파티의 세계, 즉 여자들만으로 이루어진 소란스러운 세계로 양분되어 있었다. 그 바깥에는 아무것도 없다. 그런데 헨리 제임스는 여기에도 저기에도 도무지 속할 수가 없었다. 물구나무선 듯 역전되어 있던 그의 어머니와 아버지의 관계처럼, 이사가 잦던 뒤죽박죽의 어린 시절처럼, 평범함과는 거리가 먼 그에게 유일한 안식처이자 희망은 전성기를 맞이한 19세기의 유럽문학이라고 느꼈다. 거기에서라면 그는 길을 잃지 않을 자신이 있었다. 거기에서라면 동료들을, 삶을 발견할 수 있을 것이다. 그렇게 그는 늙은 대륙에 자신의 운명을 걸었다. 1869년 2월 27일 토요일, 헨리 제임스가 탄 S. S. 차이나호가 리버풀항구에 정박했다. 마침내 그가 유럽으로 돌아왔다.

* 앱솜Epsom과 에스콧Ascot은 영국의 소도시들로 경마가 유명하다.
** 『호손Hawthorne』(1879): 헨리 제임스가 쓴 너새니얼 호손Nathaniel Hawthorne(『주홍글씨 The Scarlet Letter』로 유명한 미국의 작가) 비평서.

장면의 주인공

긴 항해를 끝낸 헨리 제임스는 곧장 런던으로 향했다. 그곳에서 한 달을 지낸 뒤 어머니에게 보낸 편지에 신체적 정신적으로 최상의 상태라고 그는 적고 있다. 찰스 다윈과 윌리엄 모리스, 조지 엘리엇 등의 명사들과 연이어 조우한 그는 이번에는 파리로 향한다. 이어 제네바를 거쳐 밀라노에 도착한 뒤 베니스, 피렌체, 로마까지 이탈리아 반도를 거슬러 내려가며 여행한다. 이렇게 그가 생애 최고의 나날을 보내는 사이 그가 몹시 아끼던 사촌 미니 템플이 세상을 떠나게 된다.

미니 템플은 헨리 제임스가 어린 시절부터 잘 알고 지내던 사촌이었다. 제임스는 그녀를 몹시 아꼈고, "장면의 주인공"이라 칭송했다. 성년이 다가오며 그녀의 매력은 만개했다. 댄스파티를 즐기는 활기찬 소녀이자 동시에 누구보다 지적인 여성. 그녀의 주위에는 언제나 그녀의 사랑을 얻으려는 소년들로 가득했다. 한마디로 미니 템플은 완벽한 아메리칸 걸이었다.

1869년 스물여섯의 제임스는 유럽으로 떠나며 미니 템플과 로마에서 만나기로 약속했다. 하지만 여행이 시작된 지 얼마 되지 않아 그녀가 큰 병을 앓고 있다는 소식이 전해져 온다. 폐출혈을 일으킨 그녀는 결국 다음 해 3월, 세상을 떠나고 만다.

헨리 제임스는 깊은 충격에 빠졌다. 장밋빛 어린 시절의 끝. 그에게 그녀의 죽음은 그런 의미로 다가왔다. 슬픔 속에서 그는 다시 미국으로 돌아오게 된다. 첫 번째 장편소설인 『주야경계*Watch* *and Ward*』와 두 번째 장편소설인 『로드릭 허드슨*Roderick Hudson*』을 연이어 펴내며 고향인 맨해튼에 정착을 시도한다.

지속되는 방황과 탐색 속에서도 그는 문학을 놓지 않았고, 동시에 미니 템플에 대한 기억 속으로 반복해서 되돌아온다. 그의 문학 세계 속에서 미니 템플은 젊음의 상징으로 재탄생하고, 그렇게 그녀는 헨리 제임스의 영원한 뮤즈가 된다.

미니 템플의 첫 번째 문학적 환생은 젊은 소설가 헨리 제임스의 출세작이 된 『데이지 밀러*Daisy Miller*』에서였다. 스위스의 한 호텔에서 휴가를 보내고 있는 프레더릭 윈터본은 미국에서 온 밀러 가족을 만난다. 윈터본은 데이지라 불리는 밀러 씨의 딸에 깊은 인상을 받는다. 얼마간의 시간이 지난 뒤 그는 로마에서 데이지와 다시 재회하게 되는데, 그녀는 수상한 이탈리아 남자 조바넬리와 만나고 있었고, 그에 대한 좋지 않은 소문이 떠돌고 있었다. 안타까운 윈터본은 이런저런 방법으로 데이지를 조바넬리에게서 떼어놓으려고 하지만 실패한다. 결국 그녀는 윈터본의 경고를 무시하고 조바넬리와 늦은 밤까지 데이트를 즐기다 열병에 걸려 죽고 만다.

제임스의 이 짧은 소설을 지탱하는 것은 주인공 데이지의 놀라운 매력이다. 그는 『데이지 밀러』를 통해서 "아메리칸 걸"이라는 새로운 인간형을 제시했다. 미국 출신이지만 삶과 교육을 통해 유럽적인 가치를 체화한 윈터본에게, 100퍼센트 미국 처녀 데이지는 말 그대로 해독 불가의 존재다. 순진한 듯한데 언제나 유혹 중이며, 순종적인 태도를 보이지만 뼛속 깊이 자기중심적이며, 자유를 사랑하지만 한편 결혼이라는 목표를 향해 돌진하는 데이지의 뒤죽박죽 매력에 윈터본은 속수무책으로 빠져든다. 헨리 제임스는 재치 있는 대화와 섬세한 관찰을 통해서 손에 잡힐 듯 잡히지 않는 데이지의 매력을 생생하게 그려 내는 데 성공했다. 그의 손에서 탄생한 이 매력 넘치는 미국 여성의 모습은 이후 『여인의 초상 The Portrait of a Lady』을 통해 만개하게 된다.

이상한 나라의 이사벨

"다른 한 명은 누구죠?"

"우리의 친구 워버튼 경이란다."

"오, 경이라니! 그런 사람이 정말로 있을까 했는데! 어쩜 정말 소설 같아!"

— 헨리 제임스, 『여인의 초상』 중

뉴욕 출신의 이사벨 아처는 지금 막 런던 교외의 그림 같은 대저택에 도착했다. 이 순간부터 그녀는 토끼굴에 떨어진 이상한 나라의 이사벨이다. 리디아 이모라는 토끼에게 이끌려 모든 게 약간씩 미쳐 있는 이상한 세계로 들어와 버린 이사벨이 이상한 나라의 앨리스와 다른 점이라면, 그녀는 토끼굴이 이상해 보이는 것에 그닥 당황하지 않는다는 점이다. 왜냐하면 뛰어난 상상력을 갖고 있기 때문이다.

오랜 세월 영국에서 살아왔지만 전혀 유럽화되지 않고 완벽한 미국인으로 남아 있는 대니얼 터칫, 대부분의 시간을 피렌체에 있는 우아한 저택에서 보내는 터칫의 아내 리디아, 일찍이 모든 가능성을 접은 채 스스로의 삶조차 관람하듯 시니컬하게 살아가는 병약한 아들 랠프, 그리고 랠프의 친구로서 모든 것을 가졌지만 뚜렷한 삶의 목표가 없는 영국 상류층 신사 워버튼 경, 이들이 바로 이사벨이 불시착한 이상한 나라의 토끼굴 속 등장인물들이다. 하나같이 살짝 망가진 괴짜들이다.

이 괴짜 토끼굴 속으로 굴러떨어진 이사벨은 뜨거운 오븐 속에서 빵이 부풀어 오르듯이 자신만의 상상을 부풀리기 시작한다. 하지만 다행히도 냉철한 성격의 헨리에타라는 이사벨의 미국 친구 또한 터칫가를 방문하게 되고, 그녀는 특유의 직설적인 태도로 이 토끼굴의 정체를 파헤쳐 나아간다. 먼저 그녀는 랠프와 대화를 시도해 본다. 하지만 계속해서 싱겁고도 모호한 태도를 취하는 랠프의 태도에 답답해진 헨리에타는 현실적이고 구체적인 계획, 즉 결혼을 랠프를 위한 해답으로 제시한다. "결혼이 당신을 개선시킬지도 모르잖아요. 덧붙여, 의무이기도 하고요." 랠프는 선을 넘은 그녀의 직설적인 태도에 당혹해한다. 나아가 헨리에타가 자신과 결혼하고 싶어 하는 거라고 짐작하고 불쾌해한다. 한편 헨리에타는 랠프의 불쾌감을 강인하고 독립적인 미국 여성에 대한 유럽식 적대감으로 해석하고는 마음이 상한다.

이사벨은 헨리에타와 랠프 양편을 통해 둘이 나눈 대화에 대한 상반된 해석을 전해 듣는다. 그녀는 둘의 영 딴판인 해석에 흥미로워한다. 하지만 별다른 깨달음에 이르지는 않는다. 헨리에타는 이렇고, 랠프는 저렇다 품평한 다음, 재빨리 또 다른 흥미로운 일들을 향해 나아갈 뿐이다. 신기한 토끼굴의 풍경에 흥분한 그녀는 깊이 생각할 틈이 없다. 급기야 완벽한 결혼 상대인 워버튼 경과 미국에서 온 부자 청년 캐스퍼 굿우드의 청혼을 차례로 거절해 버린 이사벨의 거침없는 행보에 사촌 랠프는 감동한다. 세상만사 시니컬했던, 차갑게 식어 버린 그의 열정을 자극하는 일이 벌어진 것이다. 그는 이미 자신이 오래전에 포기한 삶의 가능성을 사촌 이사벨에게서 발견한다. 이사벨의 삶에 대한 풍부한 상상력이, 그의 숨겨 있던 욕망을 자극한 것이다. 그는 그 욕망을 실현하기로 마음먹는다. 그것은 이사벨의 가능성을, 그녀의 상상력을 극대화하는 것이다. 그러기 위해서 이사벨은 자유로워져야 한다. 하지만 어떻게? 물론 돈을 통해서 말이다.

랠프는 임종을 앞둔 아버지에게 자기 몫의 유산 절반을 이사벨에게 남겨 줄 것을 청한다. 아버지는 그의 의도를 탐탁지 않게 여기지만("6만 파운드를 가진 젊은 숙녀라, 재산을 노리는 구혼자들이 덤벼들지 않을까?") 결국 그의 뜻대로 해 준다. 마침내 이사벨은 자유의 몸이 되었다. 그렇다면 이제 그녀는 무엇을 할 것인가?

—

한동안 모든 것은 랠프의 계획대로 굴러간다. 이사벨은 리디아 이모와 함께 유럽 대륙으로 여행을 떠나는 한편, 이모의 친구인 우아하고 신비로운 멜 부인과 친구가 된다. 문제는 멜 부인의 소개로 알게 된 길버트 오즈먼드라는 수상쩍은 남자다. 피렌체에서 딸 팬지와 단둘이 살아가는 초라한 홀아비 오즈먼드에게 이사벨이 덜컥 반하고 만 것이다. 물론 이 모든 것의 뒤에는 멜 부인의 계획이 있었다. 자신과 오즈먼드 사이에서 태어난 사생아 팬지를 위해서, 이사벨의 돈을 노리고 의도적으로 이사벨과 오즈먼드를 짝지은 것이다.

물론 황당할 정도로 까다로운 남자인 오즈먼드가 돈만 보고 이사벨을 택할 수는 없었다. 그리고 불행히도 이사벨은 오즈먼드의 취향을 만족시킬 수 있을 만큼 매력적인 인간이었다. 이사벨이 그에게 반한 만큼, 그 또한 이사벨에게 반했다. 곧 들려온 두 사람의 결혼 소식에 주위 사람들은 경악한다. 명성도 지위도 돈도 없는, 오직 장성한 딸뿐인 초라한 홀아비와 아름답고 풋풋한 이사벨이 결혼을 한다고! 랠프는 자신의 선의가 불러온 엉뚱한 결과에 화가난다.

> "넌 그런 취급을 받을 존재가 아니야. 메마른 딜레땅트 놈의 감성을 지키는 파수꾼보다는 더 나은 존재라고!"
> ― 헨리 제임스, 『여인의 초상』 중

물론 이사벨은 들은 척도 하지 않는다. 이미 그녀의 눈에 비친 미친 모자 장수 오즈먼드는 세상에서 가장 고귀하고 비극적인 남자이니까. 왜냐하면 그녀 또한 미쳤기 때문이다. 만약 그녀가 오즈먼드를 선택하지 않을 만큼 제정신이었다면, 애초에 마담 멜과 친구가 되지도 않았을 것이고, 더욱 근본적으로 랠프의 마음을 흔들어 놓을 수도 없었을 것이다. 무엇보다 잘 모르는 이모를 쫓아 영국까지 오지도 않았을 것이다. 즉, 아무 일도 일어나지 않았을 것이며, 소설은 시작될 수도 없었을 것이다. 리디아를, 랠프를, 마담 멜과 오즈먼드의 마음을 움직인 것은 그녀의 광기에 가까운 상상력이다. 소설은 이사벨 아처의, 그리고 그녀의 뒤에 몸을 숨긴 헨리 제임스의 광적인 상상력에 의해서 달려 나가는, 브레이크가 고장 난 열차와 같다.

이사벨이 가진 상상력의 독특한 점은 그것이 홀로 뻗어 나간다기보다는 타인들의 상상력을 자극하며 더욱 극단으로 치닫는 습성이 있다는 것이다. 그녀가 권태로운 터칫가 앞마당을 소설 속 꿈의 세계로 상상한 것처럼, 그 좁은 세계에 속해 있던 사람들 또한 그녀와의 만남을 통해 각자 감추어 두었던 은밀한 환상을 부풀리게 된다. 리디아, 랠프, 멜 부인, 오즈먼드 각각의 인물에게 이사벨은 저마다의 상상을 실현시켜 줄 존재에 다름 아니다. 그들의 유치하고 이기적인 상상은 그녀를 통해서만이 승인되고, 실현될 수 있기 때문이다. 그 가운데서 이사벨은 오즈먼드의 상상을 택한다. 왜냐하면 가진 것 없이 초라한 오즈먼드에게는 이사벨이 갖게 된 부가 현실적 힘이 되어 줄 것이기 때문이다. 이사벨이 원하는 것은 누군가의 힘이 되는 것이다. 그녀는 어떤 강한 사람의 그늘 아래서 쉬는 게 아니라 스스로 강한 자가 되어 누군가의 그늘이 되어 주고 싶다. 그렇다. 상상력의 천재 이사벨이 무엇보다 원하는 것은 권력이다.

이사벨이 오즈먼드를 통해서 실현하려고 한 것은, 랠프가 이사벨을 통해서 실현하려는 것과 동일하다. 랠프는 이사벨의 상상력에 투자했다. 이사벨은 오즈먼드의 취향에 투자했다. 랠프는 자신의 투자가 어떤 식으로든 엄청난 이득을 낼 것이라고 예측했다. 그러기 위해서 이사벨의 상상력은, 모험은, 계속해서 부풀어 올라야만 한다. 그녀는 더 멀리, 더 많이 여행하고, 더 엄청난, 더 잘난 구혼자들을 물리쳐야 한다. 그렇게 그녀는 가장 높은 곳에 도달하게 될 것이다. 물론 거기가 대체 어떤 곳인지, 근사할지 어떨지 알 수 없지만 랠프는 이사벨을 지렛대 삼아 바로 그 미지의 영역에 도달하고자 했다. 하지만 랠프의 기대는 좌절된다. 그녀는 그의 기대와는 정반대로 가장 좁아 터진 굴 속의 굴로 향했기 때문이다.

이사벨의 기대 또한 실패로 돌아간다. 오즈먼드는 이사벨이 그를 선택했던 바로 그 이유인, 그녀의 대담한 상상력 자체에 반대한다. 왜냐하면 그는 진정한 "취향의 화신", 뼛속 깊이 수집가이기 때문이다. 결혼을 통해 경제적 안정을 이룩한 그는 본색을 드러낸다. 그는 이사벨을 자신의 신상 수집품으로 여긴다. 그것은 응접실의 가장 좋은 자리에 놓일 것이다. 단 깨끗하고 조용한 채로. 하지만 이사벨은 정반대로, 역동성으로 넘치는 존재다. 아무리 노력해 봐도 그녀는 남편이 기대하는 것만큼 조용하지도, 가만히 있을수도 없다. 결국 오즈먼드는 그녀를 경멸하기 시작하고, 절망 속에서, 이사벨은 환상에 가려 보이지 않던 오즈먼드의 본 모습을 발견하게 된다.

그렇게 발견된 오즈먼드라는 인간은 "사물의 형식, 제식, 계산된 태도"를 최상으로 치는 존재로서 "오래된 것을, 성스러운 것을, 전해 내려온 것들을 좋아했다." 애초에 젊음이나 상상력과는 거리가 먼 존재인 것이다. 젊음과 상상력 그 자체인 이사벨은 좌절한다. 한편 멜 부인과 오즈먼드는 딸 팬시를 워버튼 경과 혼인시키려는 계략을 꾸미고, 그 계략을 위해 이사벨을 이용하며 숨겨진 야비한 본성을 드러낸다. 계속되는 절망 속에서 그녀는 오즈먼드가 마담 멜과 함께 있던 한 장면을 떠올린다. 거기에는 어떤 감추어진 메시지가 있었다. 은밀하고, 불길한, 모호하지만 분명히 만질 수 있는. 그녀는 마침내 그 메시지를 해독하는 데 성공한다.

결국 상황은 파탄에 이른다. 이사벨이 오즈먼드와 멜 부인의 부정을 알아챈 순간, 거대하게 부풀어 오른 환상은 터져 버린다. 멜 부인은 쫓기듯 미국으로 향하고, 팬지는 아버지의 반대로 사랑하는 연인과 떨어져 수녀원에 들어간다. 한편 랠프는 죽음의 순간 이사벨에게 자신의 실수를 털어놓고, 용서를 빈다. 그렇다면 이사벨은 어떻게 되었는가? 마지막 장면에서, 그녀는 모두의 기대를 또 한 번 저버리고 오즈먼드가 있는 로마로 돌아간다.

—

제임스의 중기 대표작 『여인의 초상』은 헨리 제임스 고유의 소설 세계를 처음으로 독자들을 향해 활짝 펼쳐 보인 작품이다. 구대륙과 신대륙을 배경으로 하여, 매혹적인 환상과 무거운 진실이

피렌체 풍경
완고한 미학주의자 오즈먼드가 사랑한 도시 피렌체의 정경.

겹쳐지는 경계를 아슬아슬 걷는 사람들, 상상과 계략, 그것의 실행자와 희생양들이 이야기에 본격적으로 등장한다. 인상적인 점은 이야기가 복수의 형태로 상호작용하며 진행된다는 것이다. 계획들은 서로 대칭되고 또 겹쳐지며 함께 증식해 나간다. 하나의 계획, 그에 대항하는 또 다른 계획, 계획들 너머의 계획과, 또 다른 계획들 사이사이에 촘촘하게 들어찬 계획들, 그 복잡한 줄타기 속에서 가해자와 희생자의 위치는 수시로 바뀐다. 이사벨은 랠프와 멜 부인, 오즈먼드가 꾸민 음모의 희생자이지만 동시에 오즈먼드에 대한 계획의 실행자이기도 하다. 멜 부인과 오즈먼드는 팬지를 위해 워버튼을 희생양으로 삼고, 이사벨을 자신들의 계략에 동지로 끌어들인다. 팬지는 그에 맞서 또 다른 계략을 세워 이사벨을 끌어들이고자 한다. 그들이 이렇게 계략과 음모에 몰두하고 집착하는 이유는 무엇인가? 왜냐하면 모든 것이 보이지 않게, 은밀하게 실행되어야 하기 때문이다.

헨리 제임스의 소설을 읽거나 설명하기 까다로운 것은 바로 이런 이유에서다. 소설 속 인물들은 하나같이 자신의 욕망을 직접적으로 드러내지 않는다. 그것은 기필코 감춰져야 한다. 랠프는 절대, 자신의 손으로 직접 이사벨에게 돈을 건넬 수가 없다. 왜? 직접 손을 대는 것은 일을 망치는 것뿐이니까. 왜? 모든 것은 자연스럽게 이루어져야 하기 때문이다. 인물들의 이런 자연스러움에 대한 집착은 그들이 가진 은밀한 지배욕, 감추어진 권력에 대한 열망을 보여 준다. 그들은 여러 사정으로 본인들의 권력의지를 현실에서 이루는 데 실패했다. (남자들은 제대로 된 사회적 위치가 없고 여자들은 여자라는 바로 그 이유로 야망의 실현에서 배제된다.) 하지만 그렇다고 해서 욕망이 사라지는 것은 아니다. 하여 그들은 누구보다 비밀스럽게, 멀리서부터 천천히 몸을 숨긴 채 목표를 향해 다가간다. 자신들의 권력욕을 공개적으로 승인받을 수가 없기 때문이다. 먹잇감을 잡아채는 순간까지, 위장은 완벽해야 한다.

『여인의 초상』은 이렇게 완벽하게 한계 지워진, 하지만 본성을 포기하지 못한 맹수들의 세계에 대한 헨리 제임스 최초의 탐구서다. 아직 서툴지만 대신 그의 후기작들이 갖지 못한 풋풋함을 느낄 수 있다. 대화는 여전히 솔직한 데가 있고, 음모의 폭로는 노골적이다. 즉, 아직 도망칠 틈이 있다.

이제 막 엄마 품을 떠난 새끼 사자는 눈앞에 펼쳐진 광대한 평야에 뭐가 도사리고 있는지 알지 못한다. 아직 더 많이 실수하고 배우는 수밖에 없다. 그것은 아직까지는 그가 겪는 실수들이 교훈이 될 여지가 있다는 뜻이기도 하다. 이사벨 아처도 마찬가지다. 그녀는 비극적인 희생양이 되는 대신, 교훈을 얻었다. 아마도 그녀는 멋진 암사자가 될 것이다. 무럭무럭 자라나 토끼굴 속 그 미친 세계를 지배하는 자가 될 것이다. 물론 여전히 그 이상한 토끼굴 안에서, 거기 갇힌 채로 말이다. 그것이 아메리칸 걸의 운명이다.

아메리칸 걸

9월의 첫 번째 토요일, 새 학기의 첫 주말을 맞이한 뉴욕의 컬럼비아대학교 앞은 십대 후반의 반짝반짝한 신입생들로 붐빈다. 늘어선 식당과 주말장터가 사람들을 빨아들이는 정오, 날씨 또한 완벽하다. 길 건너 대학교 정문이 정면으로 바라보이는 한 식당의 테라스 구석 자리, 커피, 오렌지주스, 팬케이크가 차례로 탁자 위에 놓이는 동안 사람들의 말소리가 높아 간다. 좁은 플라스틱 의자에 몸을 구겨 넣고, 커다란 하드커버 책에 얼굴을 파묻은 채 이따금 바구니에 놓인 감자칩을 집어 먹는 한 남자를 제외하면 모두가 함께이고 대화는 멈춤 없이 이어진다. 마침 횡단보도의 신호등이 초록색으로 바뀌고, 대학교를 빠져나온 사람들이 식당 방향으로 몰려오는 가운데, 그중에서도 돋보이는 여자가 하나 있다. 가벼운 화장 너머로 짐작되는 맨얼굴은 부주의한 사람들이라면 중학생이라고 믿어 버릴 수도 있을 것이다. 단순한 티셔츠와 반바지는 오랜 시간 공을 들여 고른 게 분명하고, 곧은 어깨 위로 흔들리는 풍성한 생머리 또한 값비싼 헤어오일로 한 올 한 올 코팅되어 있겠지. 알록달록한 나이키 러닝화 위로 쭉 뻗은 다리는 올리브색으로 보기 좋게 그을려 있다.

한 줌짜리 허리 너머로 늘어진 손바닥만 한 가죽 숄더백이 그녀의 발걸음을 따라 시계추 운동을 한다.

온 거리가 그녀를 향해 줌인한다.

그녀의 피부가 햇살에 적당히 그을린 상태, 불특정 다수를 향한 추상적인 온화함을 전시하는 미소, 무엇보다도 고양이과 동물의 그것을 닮은 당당하고 여유로운 걸음걸이는 그녀가 인종이나 혈통과 상관없이 완벽한 '아메리칸 걸'이라는 것을 확증해 준다. 완벽한 '아메리칸 걸'은 언제 어디서나 추앙받는, 환영받는 존재다. 과장하자면 전 세계를 향한 자유입장권을 지닌 것이나 마찬가지다. 자유와 독립이라는 미국적 이상의 담지체로서 아메리칸 걸이라는 이미지는 보편적인 선망의 대상이다. 그 이미지는 사회에 의해 장려되며, 자본에 의해 복제되고, 미디어에 의해 확산된다.

이 모든 것의 중심에는 걸음걸이가 있다. 걸음걸이, 다시 말해 움직임은 미국적 세계관의 핵심이다. 왜냐하면 미국이란 결국, '끊임없이 움직이는 정체불명의 어떤 것'의 또 다른 이름이기 때문이다.

야심을 가진 미국인이라면 일단 저 완벽한 걸음걸이를 손에 넣어야 한다. (완벽하게 새하얀 미소는 그다음이다.)

어디선가 헨리 제임스가 지적한 적이 있는데, 미국에서 정지란 죽음이다. 정지란 정체이며 따라서 악화이고 과장하자면 손 놓고 멈춰 서 있는 '타깃'이다. 사격수에게 정지된 타깃만큼 쉬운 목표는 없다. 21세기의 뉴욕, 특히나 주말의 맨해튼은 사방이 보이지 않는 일급의 사격수들로 꽉 채워진 전장이다. 클린트 이스트우드의 영화 〈아메리칸 스나이퍼〉에서 천재 저격수 크리스 카일이 활약 중인 이라크를 떠올려 보라(그 영화의 배경은 이라크가 아니라 뉴욕이어야 한다). 정리하자면 미국에서 이동이란 나아감, 좋아짐, 개선과 번영의 동의어로서 절대 선이자, 한편 보이지 않는 저격수의 가상적 총격으로부터의 유일한 대안이다. 살아남으려면 움직여야 한다. 절대 멈춰서는 안 된다.

—

    데이비드 핀처의 영화 〈나를 찾아줘Gone girl〉의 주인공 에이미는 이렇게 끊임없이 움직이는 아메리칸 걸의 완벽한 예시다. 그녀는 '굉장한 에이미Amazing Amy'로서, 자신의 이미지를 유지하기 위해 멈춤 없이 노력한다. 그런 에이미의 완벽한 파트너로 간주되었던 남편 닉이 어느 순간부터 정체된 채 거실을 떠나지 못하자, 결혼생활이 멈춰 선 듯 권태 속으로 빠져들자 그녀는 분노 속에서 극단적인 계략을 꾸민다.

    우여곡절 끝에 에이미와 닉은 부부로 남는다. 가장 완벽한 이미지의 부부로서, 티비쇼를 통해 선전되고 시청자들은 감동한다. 지독히도 과격한 방식으로 권태를 극복하고 이상적인 미국식의 일상을 되찾는 한 부부에 대한 이야기라고 할 수도 있겠다. 그렇다면 이 영화가 말하려는 것은 결국 뭘까? 굉장한 에이미로 남기 위해서 살인도 마다하지 않았던, 누구보다 더 멀리, 더 끝까지 갔던 에이미가 원하는 것이 결국 현상 유지라는 것이 의미하는 것은 무엇일까?

    틈날 때마다 광적으로 공원을 달리는 뉴요커들이 행하는 것은 결국 회귀, 자신의 집으로 돌아가는 것이다. 결과적으로 중요한 것은 자기보존이라는 미국식 주문이며, 모든 이동과 변화 또한 자기 자신으로 완벽하게 되돌아오기 위한, 모든 것을 정지 상태로 보존하기 위한 핑계에 불과하기 때문이다. 나는 끝내 자신 너머로 나아가지 못한다. 황량한 벌판 위에 멀뚱히 홀로 놓인 집처럼, 다른 모든 존재들을 제거한 '나'의 최종적 승리, 이것은 원주민들을 삭제하고 자신들만의 디즈니랜드를 아메리카 대륙에 이식한 청교도들의 비전이기도 하다.

전기작가 레온 에델*은『헨리 제임스의 생애*Henry James; A Life*』에서 헨리 제임스가『데이지 밀러』를 출발점으로 하여 미국 여성이라는 형태로 구체화해 낸 미국적 특성을 '폐쇄공포증적 무지 claustrophobic ignorance'라 불렀다. 활력, 개방성, 자유, 그리고 독립 같은 미국적 가치들이 예외 없이 완벽한 폐쇄성으로 수렴되는 광경은 나와 같은 이방인에게는 의문을 자아낸다. 결국 이들을 구대륙에서 신대륙으로 이끈 프런티어 정신은 어떤 상황에서도 자기 자신을 유지하려는 편집광적 순수함에 불과했던 것일까. 헨리 제임스는 이 독특한 미국적 특성을 문학적으로 형상화해 내는 것에 일생을 분투했다. 그가 유럽으로 향한 가장 큰 이유 또한 이 독아적 獨我的인 세계를 내부에서 규명하는 것이 불가능하다 생각되었기 때문일지도 모른다. 자폐적으로 유지되는 한 세계를 내부로부터 파악하려는 의도는 그 의도 자체가 자폐적 세계의 일부로서 편입되는 결과를 낳을 뿐이기 때문이다. 이후 미국이라는 거대한 '트루먼 쇼'를 재현해 보고자 했던 미국 문학의 여러 시도들(토머스 핀

---

* 레온 에델Leon Edel(1907~1997): 미국 출신의 문학평론가이자 전기작가. 대표작으로 헨리 제임스 전기『헨리 제임스의 생애*Henry James; A Life*』(1987)가 있다.

천의 『중력의 무지개』나 데이비드 포스터 월리스의 『인피니트 제스트*Infinite Jest*』와 같은)이 자멸적인 자기회귀로 종착되고 마는 것 또한 그 때문이다.

—

헨리 제임스의 소설 속에서 멋지고 사랑스러운 여자들이 반복적으로 회귀하는 장소는 '결혼'이다. 세상 누구보다 독립적인 종족으로 보이는 그들의 최종 목표가 고작 결혼이며, 언제나 잘못된 결혼의 덫에 빠져 희생양이 되고 마는 것은 정말이지 아이러니한 광경이다. 『여인의 초상』의 이사벨, 그리고 후기 소설 『비둘기의 날개』의 밀리, 두 여인이 원했던 것은 삶 그 자체, 그것을 살고 느끼는 것이다. 그들의 욕망을 막을 장애물은 없다. 그들은 부자이고, 유럽인들처럼 신분이라는 운명에 휘둘리지도 않는다. 말 그대로 최대치의 자유를 누리는 이 여자들은 그러나 변변찮은 남자들에게 얽혀서 파멸에 이른다. 언뜻 완벽한 남자인 닉을 선택한 〈나를 찾아줘〉의 에이미도 사정은 다르지 않다. 도대체 이게 어떻게 된 일인가? 왜 이 완벽한 여자들은 매번 변변찮은 남자를 선택하고, 실패한 결혼에 절망하며, 하지만 그것을 지키기 위해 온 생을 거는가?

—

같은 토요일, 오후 6시 반, 컬럼비아 서클에 있는 타임워너 빌딩

앞에 택시가 멈춰 선다. 문이 열리고, 택시에서 빠져나온 발렌티노의 락스터드 하이힐이 보도블럭 위에 성공적으로 안착하는 순간, 얼굴을 드러낸 여자는 딱 전성기에 이른 암사자라고 평할 만하다. 도금한 듯 눈이 부신 백금발의 머리가 옅은 아이보리색의 실크 블라우스 위로 내려앉고, 약간 신경과민인 동시에 한없이 다정해 보이는 얇은 입술과 입매는 그녀가 누구보다 잔혹한 포식자라는 걸 한눈에 보여 준다. 양손 가득 쇼핑백을 든 덩치 큰 남자가 그녀를 따른다. 둘은 똑같은 반지를 끼고 있다. 몇 년 후 그녀 또한 무자비한 유모차 군단에 합류하게 될 것인가? 덩치 크고 튼튼한 만큼 더럽게 무겁고 걸리적거리는 유모차를 끌며 내 삶이 약간 이상하게 된 것 같다는? 그런 의문 속에서 하지만 여전히 모든 면에서 완벽한 여성이 되기 위해 하이힐을 신고 다섯 블록쯤 뛰어다니는 것은 식은 죽 먹기가⋯⋯. 아아, 나의 아메리칸 걸에 대한 묘사가 여성혐오의 색채를 띠기 시작했다는 느낌이 든다. 하지만 사실 나의 혐오는 그녀들이 속한 미국적 현실을 향한 삐딱한 분노에 가깝다고 변명하고 싶다. 왜냐하면 이 멋진 아메리칸 걸들은 자유와 독립이라는 미국적 이상, 그 불가능한 슬로건의 최대 희생자이기 때문이다. 구세계에서 여성들에게 순종과 순결을 강요했다면, 미국이라는 신세계는 여성들에게 불가능한 진취성을 강요한다. 강인한 미국 여자의 이미지는 자신의 남성성과 사랑에 빠진 미국 남성들의 나르시시즘이 투사된 괴물에 가깝다. 젊은 여성들에게 본인의 욕망을 한껏 투사하고는, 정작 본인들은 장면 밖으로 슬쩍 빠져나와 커튼 뒤에서 엿보는, 무책임하고 삐뚤어진, 병약하고 무

센트럴파크 웨스트에 있는 컬럼비아 서클
컬럼비아 서클에 있는 타임워너 빌딩 앞에 택시가 멈춰 선다.

뉴욕

력한 랠프 터칫의 후예들로 현실은 가득 차 있다.

—

헨리 제임스 소설 속 여자들은 점점 진화하여 완벽한 포식자가 되어 간다. 『데이지 밀러』의 데이지는 죽었고, 『여인의 초상』의 이사벨은 실패했지만, 『비둘기의 날개』에서 머튼 덴셔는 결국 죽은 밀리 틸과 살아 있는 케이트 크로이, 양쪽으로부터 포위된다. 그리고 마지막 작품 『황금의 잔The Golden Bowl』에 이르러서는 주인공 매기가 남편을 되찾아, 방금 자신이 빠져나온 철창 안에 집어넣는 데 성공한다. 하지만 진짜 승자는 모든 계획의 집행자인 작가 헨리 제임스 자신이다. 제임스의 소설 속 여자들은 소설가의 눈에 비친 여자들이라는 한계를 벗어날 수 없다. 누구보다 자유로운 그들은 여전히, 시선이라는 감옥에 갇혀 있는 것이다. 영화 〈나를 찾아줘〉의 무시무시한 에이미가 시작과 끝에서 남편 닉의 시점에 포획되어 있었던 것처럼, 이 용감한 여자들은 끝내 시선의 감옥을 부수고 나오는 데 실패한다.

갇혀 있는 맹수는 화가 난다. 나를 바라보는 저 황홀한 시선이 구역질 난다. 나는 정말 나의 것일까 아니면 줄곧 나를 바라보는 저 남자들의 것일까. 혹시, 철창에 갇힌 것은 내가 아니라 저 남자들인 걸까?

이 혼란의 근원에는 여성과 남성 사이의 권력 투쟁이 있다. 포식자 둘을 한 방에 넣었을 때, 최상의 시나리오는 서로가 서로를 잡아먹지 않는 것이다. 하지만 이상적인 평형 상태를 유지하는 것은 불가능에 가깝다. 그것은 기예에 가까운 마음 상태를 요구한다. 사랑하는 상대가 내 목덜미를 물어뜯지 않기를 기도하는 만큼 필요한 노력은 내가 상대의 목덜미를 물어뜯지 않는 것이다. 제인 오스틴으로 대표되는 영어권의 결혼을 둘러싼 이야기 전통은 대체로 이 살벌한 전투의 양상을 묘사하는 데 치중한다. 결혼이란 본래 그런 것일까? 아니면 단지 영어권의 전통인 걸까?

제임스 소설 세계의 기본 설정은 만인을 향한 만인의 투쟁이라는 홉스의 말을 대변하는 것만 같다. 그것이 정말로 부정할 수 없는 보편적 인간 조건인지 잘 모르겠지만, 적어도 미국의 여자들은 누구보다도 이 무정한 홉스식 투쟁의 한가운데에 있는 것처럼 보인다. 카오스의 한가운데 새로운 세계의 매력으로 가득한 전사들. 21세기에도 그 새로움의 샘은 마를 기미가 보이지 않는다. 한마디로 변한 게 하나도 없다. 언제나 자신만만해 보이지만 사실은 아주 쉽게 혼란에 빠져드는. 거울에 비친 자신의 반영과 타인의 눈에 비친 이미지들 사이를 영원히 오가는. 누구보다 독립적이고자 하지만 결국은 타인들의 투쟁에 휘말려 짓밟히는 비극적인 운명의, 아름다운 희생자. 하지만 끝끝내, 모든 역경을 이겨내고 살아남고 마는 그녀들. 광기의 집행자이자 피해자. 탐스러운 포획물이자 동시에 잔혹한 승리자. 아메리칸 뷰티. 완벽한 아메리칸 걸. 세계는 그런 그들을 열렬히 사랑한다.

파리

극서

    지금은 고급 상점과 호텔로 빼곡한 파리 방돔 광장의 중심에는 아우스터리츠 전투에서의 승리를 기념하기 위해 세워진 승전 기념탑이 있다. 헨리 제임스 유년기 최초의 기억이 서린 장소다. 당시 채 두 살이 되지 않았던 그의 기억이 실재하는 것인지, 재구성된 것인지는 확실치 않다. 중요한 것은 헨리 제임스 정신의 근원에 나폴레옹의 파리가 있다는 것이다.

    나폴레옹과 파리, 이 두 키워드는 그의 삶을 관통하는 유럽에 대한 애정과, 발자크에 대한 문학적 숭배를 상징한다. 헨리 제임스가 일곱 살 되던 해인 1850년 세상을 떠난 발자크는 생전에 이미 전설적인 존재가 되어 있었다. 인간희극 시리즈 *La Comdie Humaine* 로 당대 프랑스 사람들의 삶을 생생하게 그려 낸 이 열정적인 왕정주의자는 이후 엥겔스 같은 공산주의자들, 혁명가들조차 매료시킨 천재적인 이야기꾼이었다.

보스턴에 이어 맨해튼 적응에 실패한 헨리 제임스가 끝내 고국의 삶을 단념하고 1875년 유럽으로 건너왔을 때, 그가 꿈에 그리던 파리는 더 이상 존재하지 않았다. 파리코뮌이 일어난 지 4년 후, 파리는 공화국의 수도가 되어 있었다. 그는 《뉴욕트리뷴》에 간간이 파리에 관한 기사를 송고하며 생활비를 충당한다. 이 시기 제임스는 파리에서 지내는 러시아의 대문호 투르게네프를 알게 되었다. 그는 쉰일곱에 이미 백발이 된 장신의 소설가에게 깊은 호감을 느낀다. 둘은 생각보다 닮은 것이 많았다. 예민한 성격, 강한 성격의 어머니 밑에서 유년시절을 보낸 것, 유럽 문학의 전통 아래 사실주의적 필치의 소설을 쓴 것이 그랬다. 그 결과인지 몰라도 투르게네프와 제임스의 소설은 유럽적 스타일과, 민족적(미국인들을 하나의 민족이라 칭할 수 있다면) 주제의 결합이라는 공통점을 지니고 있다. 파리에 막 자리 잡은 뜨내기 외국인이자 신참 소설가인 헨리 제임스에게 투르게네프는 다정한 아버지이자, 소재가 끊이지 않는 좋은 대화 상대, 외로움을 달래 줄 친구, 그리고 프랑스의 문학계로 향하는 통로이기도 했다. 젊고 재능 있는 친구의 우정에 화답하듯 투르게네프는 헨리 제임스를 플로베르의 문학 모임 세나클에 초대한다. 제임스에게는 올림퍼스 신들의 식사에 초대받은 것만큼이나 흥분되는 일이었다.

포부르 생토노레 거리에 있는 플로베르의 자택에서 열리는 신들의 만찬에서 제임스는 플로베르 외에도 에드몽 드 공쿠르, 에밀 졸라, 알퐁소 도데, 아직 소설가가 되기 전의 젊은 모파상 등을 만날 수 있었다. 제임스의 눈에 비친 이 프랑스인들은 괴상했다. 그는 이렇게 적는다.

세나클은 다른 (문학) 계파를 모조리 혐오하는 아주 작은 문학 계
파이다. 하지만 그 계파의 내부는 정력적이고 부지런하며, 편협
하지만 완벽한 생산품을 만들어 내는 놀라운 생산력으로 가득 차
있다.

— 헨리 제임스, 《뉴욕트리뷴》에 보낸 기사 중

전기작가 레온 에델에 따르면 헨리 제임스를 당황케 한 것은 세
나클의 사람들이 오직 예술작품의 취향과 기술, 형식에만 관심을
갖는 듯 보였다는 것이다. 그들은 예술과 도덕의 관계라든가, 문
학의 교훈 따위에 별 관심이 없었다. 중요한 것은 내용이 아니라
완성도다. 그것은 바다 건너 영국의 빅토리아인들이나 미국의 청
교도인들에게는 아주 낯선 세계관이었다.

헨리 제임스는 그들의 오만하고 편협한 세계관에 거부감을 느
꼈지만 특유의 독한 매력을 거부하지는 못했다. 실제로 만난 플로
베르는 다정하면서도 신비스러운, 기이한 카리스마를 지닌 거장
이었다. 헨리 제임스는 플로베르의 『마담 보바리』가 독보적이며
완벽하다고 생각했다. 하지만 그럼에도 불구하고, 플로베르의 천
재성에는 어딘가 굉장히 야박한 데가 있다고 그는 지적하기도
한다.

하긴, 보바리 부인을 그렇게까지 나락으로 떨어뜨려야 했을까?
하지만 정말로 오싹한 점은, 집요하게 보바리 부인을 나락으로 밀

어붙이는 플로베르의 펜이 가장 마음을 쓰는 대상이 보바리 부인의 파멸적 운명조차 아닌, 그 운명을 노래하는 단어들의 운율, 그 소리와 모양새라는 것이다. 그는 말들 그 자체에 비정상적으로 집착한다. 플로베르의 또 다른 대표작 『감정교육』에서는 한 발 더 나아가, 서사의 진행보다 문장의 행과 행을 가르는 리듬에 더 집중한다. 젊은 헨리 제임스에게는 이런 종류의 사디스틱한 탐미주의는 지나치며, 부도덕하게 느껴졌다.

파리에서의 체류가 길어질수록, 세나클에서 받은 부정적인 인상은 파리 전체에 대한 것으로 확장되어 갔다. 제임스는 파리 사람들 삶의 핵심부로 들어가지 못한 채 주변부를 빙빙 돌고만 있었다. 《뉴욕트리뷴》에 전할 파리에 대한 다양한 인상을 구할 길이 없었다. 하지만 돈이 필요하기 때문에 억지로 기사를 썼고, 《뉴욕트리뷴》은 그런 그의 글을 마음에 들어 하지 않았다. 이 절망적인 시절, 그럼에도 불구하고 젊은 소설가는 자신의 첫 번째 대표작 『아메리칸 *The American*』의 집필에 착수한다.

『아메리칸』은 제임스의 첫 번째 대표작이자 사실상 첫 번째 장편소설이기도 하다. (헨리 제임스는 앞서 두 편의 장편소설을 발표했지만, 말년에 이르면 둘 다 습작 이상으로 취급하지 않는다.) 소설의 제목처럼 미국인인 주인공의 이름은 크리스토퍼 뉴먼이다. 노골적으로 미국스러운 이름을 가진 이 순진한 남자는 사업을 통해 엄청난 부를 거머쥐었다. 젊고 부유한 그에게 부족한 것은 완벽한 아내뿐으로 그것을 찾아 그는 유럽으로 향한다. 뉴먼이 완벽한 신붓감을 원하는 이유는 자신에게 그럴 만한 자격이 있다고 느끼기 때문이다. 자신 같은 신랑감을 마다할 신붓감이 있을 리가 없다. 그는 미국인답게 순진하고, 개인주의적이며, 스스로를 사랑한다. 그런 그의 눈에 들어온 것은 매력적인 프랑스 여자 클레어 드 싱트레다. 그녀는 몰락한 귀족의 후예로서 원치 않은 결혼이 실패로 돌아가 슬픈 나날을 보내고 있다. 뉴먼은 클레어가 자신을 싫어할 수가 없다고 생각한다. 어쩌면 맞는 말이다. 개인 대 개인으로 봤을 때, 뉴먼은 결격 사유가 없다. 문제는 클레어의 세계에는 개인들이 존재하지 않는다는 것이다. 그녀의 아름다움은 시간과 혈통, 대를 이어 온 관습에 의해 빚어진 것이다. 그런 것들을 다 지워 버린 그녀란 무엇인가? 현대 세계에 사는 우리는 그런 화장을 모두 지워 버린 다음에야 비로소 진짜 맨얼굴이 드러난다고 답할지 모르겠지만, 클레어가 속한 낡은 세계의 관점에 의하면, 화장을 벗겨 낸 그녀는 아무것도 아니다. 오래된 관습들을 치워 버리면 클레어라는 존재 자체가 와해되어 버린다. 이 관점을 뉴먼은 이해하지 못한다. 싱트레 부인은 결국 수녀원으로 도망쳐 숨어 버린다. 경쾌한 코미디로 시작된 소설은 씁쓸하게 끝을 맺는다.

매력적인 파리 귀족 부인으로부터 거부당한 뉴먼은 낙심한다. 그는 패배했지만 그 이유를 이해하지 못한 채로 충동적으로 런던으로 향한다. 이런 뉴먼의 모습은 흥미롭게도 그 시기 제임스의 모습과 겹친다. 그는 파리 사람들과 교류하는 데 실패하고 결국 도시로부터 거부당했다 느낀다. 뉴먼에게처럼 제임스에게서도 파리에서의 시간은 씁쓸한 결말을 가진 한여름 밤의 꿈 같은 것이었다. 그는 미국으로 돌아가는 대신 런던으로 향한다. 자신이 창조한 주인공의 뒤를 쫓아서 말이다. 물론 그는 자신의 소설 속 주인공과는 다른 결말, 완전히 새로운 시작을 갈망했고, 런던은 그런 그에게 화답하게 된다.

—

1875년, 헨리 제임스가 극서Far West라 칭한 유럽 대륙 한복판 파리에는 그가 원하는 모든 것이 있었다. 나폴레옹의 흔적, 문학의 신들, 발자크의 책에 등장하는 바로 그 파리⋯⋯. 하지만 근접하여 들여다본 그 도시는 기이했고, 자꾸만 속내를 감췄다. 도시는 끊임없이 자신의 오래된 역사 속으로, 은밀한 정원 안으로 숨어 버렸다. 강렬한 원체험이란 재현될 수 없는 것일까? 그는 자신의 진짜 고향인 뉴욕을 떠나온 것처럼, 스스로의 문학적 판타지를 지탱해 온 큰 기둥인 파리 또한 단념했다. 그것은 생각보다 혹독한 결정이었을지도 모른다. 그는 자신의 노스탤지어가 보내는 집요한 명령을 거부했다. 꿈속을 계속 살아갈 수는 없다. 그는 미국과 프랑스, 두 고향을 연이어 등졌다. 더 이상 그에게는 고향이 없을 것이다.

완벽한 자유의 몸이 된 그는 누구의 소유도 될 수 없는 탐욕적인 도시, 현존하는 가장 위대한 제국의 수도로 향한다. 물론 이후로도 '프랑스적인 것'은 그에게 영원한 문학적 교본이자 극복의 대상이었고, 그 기나긴 애정은 이후 『대사들The Ambassadors』을 통해서 근사한 결실을 맺게 된다.

대화의 기술

"그건 무슨 잡지인가요?"

그는 이제 완전히 평온함을 되찾았다. "음, 녹색입니다."

"여기 사람들이 사상적 측면에서 정치적 색채라 부르는 것을 의미하나요?"

"아뇨, 표지가 녹색이란 뜻입니다. 아주 사랑스러운 녹색이죠."

— 헨리 제임스, 『대사들』 중

파리를 배경으로 한 헨리 제임스의 1903년 작품 장편소설 『대사들』은 대화의, 대화에 의한, 대화를 위한 소설이다. 같은 시기에 쓴 『비둘기의 날개』가 억제되고 비극적인 분위기를 띠고 있는 것과 반대로 경쾌한 스타카토 기법의 피아노 연주곡 느낌의 가벼운 코미디다.

중년의 미국인 램버트 스트레처는 약혼녀 뉴섬 부인에게 근사한 결혼 선물을 선사하기 위한 목적으로 파리로 온다. 선물은 다른 게 아니고 파리에서 허송세월을 보내고 있는 뉴섬 부인의 아들이자, 가업을 이어받을 유일한 상속자인 채드를 미국으로 돌려보내는 것이다. 파리에서 지내고 있는 채드에 대해서 스트레처 씨가 가진 유일한 단서는 그가 정체불명의 사악한 유럽 여성에게 푹 빠져 있다는 것이다.

그러나 언뜻 단순해 보이는 사건의 개요는 가까이 다가갈수록 모호해진다. 유럽 자체에 진절머리가 나 있는 친구 웨이머시는 스트레처의 임무에 아무런 도움이 안 된다. 파리에 오기 전 들렀던 영국의 항구에서 만나 친구가 된 미국 여자 마리아 고스트레이 또한 별 힘이 되어 주지 않는다. 파리에 도착한 스트레처는 일단 채드의 집에 찾아가 보는데 채드는 보이지 않고 처음 보는 젊은 남자만 있을 뿐이다. 이후 우여곡절 끝에 채드를 만나는 데 성공하지만, 이번에는 채드를 꾀어냈다는 문제의 여자 마담 드 비오네가 그를 더욱 큰 혼란 속으로 인도한다.

> 그녀는 즉시 답했다. "매력적인 여자예요. 완벽하죠."
> "그렇다면 방금 그녀의 이름이 나왔을 때 '오, 오, 오!'라고 말한 이유는 뭡니까?"
> 그녀는 어렵지 않게 기억해 냈다. "왜 그랬겠어요! 그녀는 훌륭하거든요."
>
> ─ 헨리 제임스, 『대사들』 중

스트레처가 만나는 사람들은 이구동성으로 비오네 부인의 아름다움, 매력, 근사함을 칭송한다. 하지만 순진한 스트레처는 "오, 오, 오!"라는 작은 외침 뒤에 숨은 속내를 읽지 못한 채 선의와 호기심을 담아 순진하게 되물을 뿐이다. 물론 돌아오는 대답은 언제나 같다. 마리 드 비오네는 아름답고, 채드는 멋진 청년이며, 파리는 근사하고, "그런데 말이죠, 스트레처 씨. 주말에는 무엇을 하실 건가요, 날씨가 구름 한 점 없이 맑군요!" 알 듯 모를 듯한 말을 던진 그들은 재빨리 떠나 버리고 스트레처는 홀로 혼란 속에 남겨진다.

스트레처를 한층 더 혼란스럽게 하는 것은 채드의 변화다. 확실히 채드는 변했다. 개선되었다고 할 수도 있다. 적어도 스트레처의 눈에는 그렇게 보인다. 그런데 그 개선이라는 것이 진짜 좋은 것인지 나쁜 것인지 모르겠다. 그런데 채드의 친구인 빌햄이 털어놓은 바에 의하면, 채드는 지금 몹시 불행하며, 그 이유는 그가 자유롭지 못하기 때문이라고 한다. 왜 그는 자유롭지 못한가? 빌햄에 따르면 그것은 비오네 부인과의 "고결한 애정" 때문이다.

순진한 스트레처 씨는 다시금 빌햄의 말을 곧이곧대로 해석한다. 채드와 비오네 부인은 어떤 고차원적인, 훌륭한 차원에서 연결되어 있는 것이 분명하다. 그로 인해 채드는 고통당하지만, 그것은 고결함 때문이므로 인내해야 한다. 왜냐하면, 고결함이란 좋은 것이 아닌가? 문제는 비오네 부인이 유부녀라는 것인데, 과연 유부녀와 총각 사이에 가능한 고결한 애정이라는 것이 무엇일까? 고민 끝에 스트레처는 독창적인 결론에 다다른다. 그렇다. 채드는 비오네 부인이 아닌 그녀의 딸 잔과 사랑에 빠진 것이다.

"왜냐하면 말이다. 너한테는 상상력이라는 것이 결여되어 있기 때문이지. 다른 장점들이 있겠지만 상상력은 전혀 없다고. 너도 이해하지?"
"맞아요, 저도 알아요." 채드는 스트레처의 이론에 관심을 보였다. "하지만 어쩌면요, 스트레처 씨의 상상력이 지나친 게 아닐까요?"
— 헨리 제임스, 『대사들』 중

스트레처는 특유의 상상력으로 끝없는 오판을 이어 나간다. 오판들이 별 탈 없이 쌓여 갈 수 있는 것은 물론 그가 파리에 있기 때문이다. 아내와 자식이 죽은 뒤 미지근한 삶이 지속되어 온 스트레처로서는 수수께끼 같은 파리의 나날들이 제2의 청년기처럼 느껴진다. 그는 비로소 삶을 살고 있다는 느낌을 받는다. 반대로 채드와 그의 친구 빌햄 등 주위의 젊은 청년들은 지치고 늙어 보인다. 그는 열의를 잃은 젊은 청년들을 향해 자기계발서의 저자처럼 충만한 삶을 살아갈 것을, 사랑을 이룰 것을 설파한다. 물론 그것은 정말 그들을 염려해서라기보다는 뒤늦게 찾은 자신의 행복을 지속하기 위해서다.

> "감사합니다. 하지만 제 생각에는," 그는 말을 이었다. "스트레처 씨한테는 채드를 위한 계획이 '전혀' 아무것도 없는 게 확실한데요."
> "좋아, 그렇다면 '나 자신을 위한 계획'이라고 부르도록 하지!"
> ― 헨리 제임스, 『대사들』 중

급기야 스트레처는 꿈같은 파리 생활을 연장하기 위해 미국으로 돌아가려는 채드를 만류한다. 기다림에 지치고 배신감에 분노한 뉴섬 부인이 두 번째 대사들을 파견한다. 딸인 세라와 그의 남편, 그리고 채드의 결혼 상대로 점찍어 놓은 마미가 그들이다. 그들은 스트레처와 달리 파리의 유혹에 굴복하지 않는다. 그들은 냉정하게 대사로서의 임무를 수행한다. 하지만 여전히 뭐가 어떻게 돌아가는지 모르는, 혹은 모르는 척하고 싶은 스트레처는 세라를 향해 묻는다. 채드가 이룬 행운의 성장이 마음에 들지 않느냐고. 세라가 대답한다. 그건 행운이 아니라 최악의 성장이라고.

—

스트레처는 그곳에 앉았다. 허기에도 불구하고 평온함을 느꼈다. 마음속 충만한 확신이 물결 속에서, 수면에 이는 잔물결과, 반대편 둑의 갈대가 흔들리는 소리, 흐릿하게 스며드는 냉기, 그리고 근처 얼기설기 만들어진 나루턱에 정박된 한 쌍의 나룻배의 살랑거림 속에서 더욱 깊어졌다. 저편 계곡은 온통 구릿빛의 녹지와 반들반들 빛나는 진주빛 하늘로 가득 차 있었다. 하늘은 말쑥하게 다듬어진 나무들이 드리운 장막으로 가로막혀 있어 평면적으로 보였다. 마을의 나머지가 무질서하게 뻗어 나가 있음에도 불구하고 가까운 전망은 강을 떠 가는 한 척의 배를 상상케 할 정도로 텅 비어 있었다. 이런 강을 보면 노를 잡기도 전에 물 위에 떠 있는 것 같은 기분이 든다. 아마도 노를 대충 놀리는 것만으로도 완벽한 그림이 될 터. 이런 느낌이 스트레처를 일으켜 세웠다. 하지만 일어선 스트레처는 새삼 피곤함을 느꼈고, 하여 나무 그루터기에 기대어 강 쪽을 응시하는 사이 주의를 날카롭게 잡아끄는 뭔가를 발견했다.

— 헨리 제임스, 『대사들』 중

계획은 꼬여 버리고, 주변 사람들은 각자의 사정으로 자리를 비우고, 혼자 남은 스트레처는 즉흥적으로 짧은 여행을 떠난다. 도착한 시골 마을은, 언젠가 보스턴에서 봤던 랑비네*의 그림을 떠오르게 하는 멋진 전원 풍경 그 자체였다. 그는 홀로 마을을 산책하며 생각에 잠기고, 고독 속에서 평화를 느낀다. 시간이 흘러, 그림 같은 강가에 자리를 잡고 휴식을 취하고 있는 그에게 다가오는 것은 어쩐지 마네의 그림이 떠오르게 하는, 한가하면서도 사뭇 부도덕해 보이는 두 사람의 모습이다.

잔잔한 강 위에 배가 한 척 떠 있다. 그 안에 한 여자와 남자가 있다. 남자는 노를 쥐고 있고, 여자는 핑크색 파라솔로 햇살을 가리고 있다. 배가 점점 더 스트레처 쪽으로 다가오고, 그를 발견한 여자가 황급히 파라솔로 얼굴을 가린다. 스트레처는 노를 쥔 남자가 채드인 것을 알아본다. 그리고 그의 옆, 핑크색 파라솔 속 여자가 다름 아닌 비오네 부인이라는 것도.

마침내 스트레처는 깨닫는다. 자신이 어떤 순진한 환상 속에 있었는지, 알 듯 말 듯한 말들 사이에 숨겨져 있었던 것이 뭔지, 사람들이 말했던 "고결한 관계"의 실체를 말이다. 평화로운 시골 경치를 배경으로 한 밀애, 그야말로 완벽한 프랑스 특산품이다. 그림에 담겼을 때, 소설에 쓰였을 때, 굉장한 낭만과 소유욕을 불러일으켰던 그 풍경은 그러나 현실에서 맞닥뜨리게 되자 뭐라 말할 수 없는 씁쓸함을 불러일으킬 뿐이다. 특히나 고지식한 뉴잉글랜드

* 샤를 에밀 랑비네Charles-Emile Lambinet(1815~1877): 전원 풍경을 즐겨 그린 프랑스의 화가.

사람 스트레처에게는 그렇다. 채드를 둘러싼 진실을 알게 된 스트레처는 그러나 비극의 주인공처럼 좌절하지 않는다. 그것은 가볍디가벼운 소설의 분위기와도 관련이 있다. 그가 속아 왔다고 해서 파멸하는 것은 아니다. 거기 어떤 숨겨야 하는 악행이 있는 것도 아니다. 그냥 모두가 스스로를 위해서 이기적으로 굴어 댄 것뿐. 스트레처는 자신을 포함하여 이 못 말리는 에고이스트들 틈에서, 약혼녀의 아들이 '망가졌다'는 정의와 '발전했다'는 인상 사이에서 나룻배처럼 흔들거리다가는 결국 '김빠진다'와 '별 볼일 없다' 사이의 감정에서 애매하게 멈춰 선다. 물론 근거 없는 희망은 여전히 유지된 채로. 플로베르의 『감정교육』 마지막 장면을 떠오르게 하기도 하는 낯이 익은 현대적 정조다. 삶의 진실을 맛보고 씁쓸해졌지만, 그것은 자아를 전혀 변화시키지 않았다. 오히려 더욱 단단해진 껍질 속 말랑한 자아는 완벽하게 보존된다. 스트레처는 마리아의 청혼을 거절하고 미국으로 떠난다.

알고 보면 허상에 불과한, 아니 허상 그 자체일 수밖에 없는 매력을 갈고닦아 승부를 보는 사교계 안에서, 뭐가 진짜이고 뭐가 가짜인지, 뭐가 진짜 욕망이고 뭐가 연막인지, 뭐가 의도이고 뭐가 결과인지, 뭐가 선이고 악인지, 샅샅이 뒤져 봤자 손에 잡히는 게 있을 리 없다. 더 가까이, 더 집요하게 들여다볼수록 눈에 들어오는 것은 환상을 유지하기 위한 필사적인 몸부림뿐.

"만약, 괜찮으시면, 저와 함께 이른 점심을 드시러 가시겠어요? 예를 들어, 저쪽 건너편에, 아실 수도 있는데, 걸어서 아주 가까운 곳에 식당이 하나 있답니다."

― 헨리 제임스, 『대사들』 중

환상이란 언제나 가장 쉬운 것. 손을 뻗으면 움켜줄 수 있는 흐드러진 꽃다발, 코너를 돌면 나타나는 완벽한 식당, 근사한 드레스를 차려입고 나를 향해 다정하게 손을 뻗는 귀부인 같은 것. 마다할 필요가 있을까? 그 대가로 잃을 것이 약혼녀와의 결혼, 그 결혼이 약속하는 엄청난 재산이라고 해도 말이다. 물론 환상은 환상일 뿐, 12시를 알리는 종소리와 함께 현실로 돌아와야 한다.

Mais pourquoi?(하지만 왜?)

알고서도 빠져들게 되는 고혹적인 덫, 진주빛 환상, 잡힐 듯 잡히지 않는……. Mais pourquoi? 파리식으로 근사하게 차려진 이른 점심상 앞에 다리를 꼬고 앉아, 19세기 소설 속 야망 어린 젊은이의 마음가짐으로, 꿈처럼 가벼운 은식기를 손에 쥐고 중얼거려 본다.

왜? 왜 동화 속 신데렐라처럼 12시가 울려도 현실로 돌아오지 않아도 되는 진짜 공주의 삶을 살 수 없는 걸까? 정말이지 왜? 현실을 영원토록 떠나 버리는 것은 불가능한 걸까?

이렇게 억지 투정이 걷잡을 수 없이 커져 영혼을 잠식할 때가 있다. 그럴 때면 정말이지 떠나지 않고서는 견딜 수가 없다. 혹시, 하는 기대로 시작하여 역시, 하는 진부한 실망과 함께 돌아오게 되는 그런 씁쓸한 도피 행각을 벌이지 않고는 견딜 수가 없게 되는 것이다. 그리고 그것은 당연히 파리라는, 세상에서 가장 로맨틱한 발음의 장소로 향하는 것이어야 한다.

유로스타 파리행 식당칸

파리행 유로스타를 타기 위해 도착한 런던 유스턴 역의 프레타 망제에서는 울고 싶을 정도로 맛이 없는 샌드위치를 판다. 이렇게나 맛이라는 특성 자체에 격렬히 반대하는 샌드위치는 처음 먹어 본다. 양상추와 빵과 베이컨과 소스에서 골고루 같은 맛이 난다는 것은 차라리 기적이 아닐까?

그에 비하면 파리행 유로스타의 식당칸에서 팔던 계란샌드위치는 미슐랭 웹사이트를 해킹해서라도 별 다섯 개를 주고 싶다. 유로스타 파리행 식당칸 ★★★★★. 그것은 진정 감동적인 다이닝 익스피리언스였습니다……. 얼간이 같은 생각을 하고 있는 사이 다가온 검표원은 "안녕하세요, 한국인이십니까?"라고 묻더니 자신의 아내가 한국인인데 김치는 자신이 담근다면서 갤럭시 스마트폰을 꺼내서 자신이 담근 오이김치의 사진을 보여 주었다. "그것 참 맛있어 보이네요!" 이어지는 이야기는 한국영화와 케이팝……. 난 가끔 생각한다. 유럽에 있을 때 내가 담당해야 할 역할은 파멸적인 미국 문화에 푹 담가진 초국적 풍경의 아시아—애니메이션 〈공각기동대〉 속 세기말 홍콩 풍경 같은 것이 아닐까 하고. 빽빽한 고층 아파트와 그 아래 무질서하게 늘어선 간판들, 먼지에 덮인 뿌연 하늘……. 이 어지러운 디지털 브레이브 뉴 월드의 비전 앞에만 서면 교양으로 바삭하게 튀겨진 유럽인들의 감춰 왔던 야만성이 폭발하는 게 아닐까? 나의 뿌리박힌 편견이 우리의 대화를 어색하게 만들었고, 나는 돌려받은 티켓을 주머니에 넣으며 졸음이 쏟아져 견딜 수 없음을 연기하기 시작했다.

다시 눈을 떴을 때, 때맞춰 기차가 파리 북역으로 들어서고 있었고, 날씨는 온통 초여름을 노래하는 중이었다. 과연, 런던에는 존재할 수 없는 종류의 날씨다. 기분 좋은 습도 속, 달뜬 얼굴의 낭만적인 도시 오, 파리.

미지근한 대기 속 올리브색 살갗의 여자들은 죄다 손바닥만 한 원피스에 가느다란 샌들 차림이었고, 길가의 아이스크림가게 앞에는 젊은이들이 둥글게 모여 선 채 수다스럽게 아이스크림을 빨아 대며, 막다른 골목 끝 카페 테라스 자리에 앉은 여자의 푹 박은 고개는 펼쳐 놓은 낡은 책을 떠나지 않는다. 이 모든 것을 배경으로 천천히 스쳐 지나가는 자전거 한 대. 과연 한 편의 오래된 프랑스 영화를 보는 듯하다. 나는 런던의 세련된 칙칙함을 완전히 잊은 채 여행가방을 돌돌 끌며 사방으로 휙휙 지나가는 멋진 군중들, 상점의 쇼윈도를 핥듯이 쳐다본다. 그렇다. 파리가 주는 최고의 선물, 그것은 시각적 평화다. 지금 내 앞에 펼쳐진 풍경이 그 증거다. 모든 것이 바로 그 제자리에 놓여 있다는 세상 안정적인 느낌. 너무나도 이상적이어서 비현실적인 이 안정감. 오래된 엽서와 구글어스, 로메르와 고다르의 영화에서 질리지도 않고 봤던 바로 그 세계. 즉, 대문자 유럽이 내 앞에 펼쳐져 있었다. 모든 것이 제자리에 놓여 있기 때문에, 아무것도 거슬리는 게 없기 때문에 느껴지는 이 그림 같은 평화는 도시 전체가 200년 전 시점으로 박제된 이 깜찍한 박물관 도시의 가장 큰 매력이다.

—

마침내 도착한 손바닥만 한 호텔 방에서는 (웹사이트에서 자랑한 대로) 인산인해의 방돔 광장이 먼발치에서 내려다보였다. 나는 얼른 방에서 빠져나와 근처의 팔레 루아얄로 향했다.

길쭉한 직사각형의 회랑들이 죽 늘어선 팔레 루아얄의 군더더기 없이 깔끔한 수평-수직 배열은 〈나폴레옹 1세 즉위식〉, 〈레카미에 부인*의 초상〉 등으로 유명한 다비드**의 회화를 떠오르게 한다. 소실점으로 환원하는 것이 불가능해 보이는, 절대적 수평선을 배경으로 당당하게 솟구친 형상들은 다비드 회화의 트레이드마크다. 심지어 〈마라의 죽음〉에서는 죽은 사람조차 몸을 꼿꼿이 세우고 있지 않던가? 이것이 진정한 프랑스의 미감인 것일까, 나는 문득 궁금해졌다. 혹은 나폴레옹 제정기 프랑스의 신비? 하지만 제국의 감수성이란 나에게 B-612 행성보다도 동떨어진 영역으로서, 어떤 해석이 가능할지 도통 모르겠다. 하여 엉뚱하게 언젠가 에클레르가 페니스 같다는 농담을 들었던 것을 떠올리고 만다. 하긴, 안에 든 크림의 색깔 하며……. 그 뒤로 나는 한동안 에클레르를 멀리했다. 그러던 어느 날, 우리 집에 방문한 친구가 나를 위해 사 온 값비싼 캐러멜 에클레르를 먹기 편하게 하겠답시고 가위로 싹둑싹둑 써는 것을 보고는 그만…….

* 쥘리에트 레카미에Juliette Rcamier(1777~1849): 19세기 초 파리 사교계의 유명인사.
** 자크 루이 다비드Jacques-Louis David(1748~1825): 18세기 프랑스의 신고전주의 화가.

파리의 골목길(좌) 도심의 아파트(우)

누벨바그 영화에서 봤던 바로 그 파리, 즉 대문자 유럽이 내 앞에 펼쳐져 있었다.

파리

룩셈부르크 정원에서 그는 멈춰 섰다. 마침내 안식처를 찾은 것이다. 이곳에서 작은 나무 의자에 앉아 테라스들, 오솔길들, 가로수길들, 분수들, 녹색 화분에 심어진 작은 나무들, 흰 모자를 쓴 작은 여인들과 달뜬 목소리의 어린 소녀들이 모두 조화롭게 어우러져 있는 풍경을 바라보는 사이 한 시간이 지났다. 온갖 인상들이 그의 마음을 가득 채우고도 모자라 흘러넘치는 듯했다.

— 헨리 제임스, 『대사들』 중

팔레 루아얄을 떠나 센 강을 건너 남쪽으로, 계속 남쪽으로 거슬러 내려가 도착한 곳은 헨리 제임스의 소설 『대사들』에 등장하는 룩셈부르크 정원이었다. 책 속 룩셈부르크 정원처럼, 내 앞에 있는 현실의 룩셈부르크 정원도 마찬가지로 기분 좋은 인상들로 가득했다. 하지만 인상들이 시원한 분수처럼 콸콸 흘러나오고 흘러넘친다기보다는 오히려, 변비 상태로 끝없이 과식을 하는 기분이다. 즉 나는 더부룩한 데다가 아주 딱딱해진 채로 잔디밭에 앉아, 직사각형 잔디밭 양편에 일렬로 빈틈없이 늘어선 나무들을 멍하니 바라보고 있을 때, 어지럽게 쏟아지던 햇살의 붉은빛이 점차 강해지며 무겁게 내려앉기 시작하던 그 무렵, 나에게 말을 건 것은 숱이 많은 검은 머리를 포니테일로 묶은 아시아 여자였다. 그 여자는 놀랍게도 나와 같은 호텔에 묵고 있다고 했다. 원래 한국 사람인데 세 살 때 덴마크로 입양되었다고 한다.

대구가 고향이라는 그 여자는 한국말을 전혀 못 했고, 나는 덴마크어를 전혀 못 했으므로 우리는 서툰 영어로 말했다. 나는 헨리 제임스에 대한 책을 쓰러 파리에 왔다고 말했다.

"고등학교 때 『나사의 회전』을 읽었는데⋯⋯."

그 여자가 희미한 미소를 지으며 말했다.

"그래? 재밌었어?"

"글쎄⋯⋯."

우리는 헨리 제임스에 대해서 이야기를 나누는 대신 공원을 떠나 걷기 시작했다. 여자는 남자친구를 기다리고 있다고 했다. "모레 파리에 도착해." 여자의 남자친구는 낭뜨에 출장을 갔다고 했다. "우리는 파리에서 휴가를 보내기로 했어."

곧 우리의 목적지인 피에르 에르메가 나타났다. 마카롱을 한 상자 산 다음 정처 없이 걷기 시작했다. 슈퍼마켓에 들러 주스를 한 병, 과일가게에 들러 체리와 자두를 한 봉지 사고, 담뱃가게에 들러 담배를 한 갑, 서점에 들렀다가, 한 침침한 공원에 들어가 신발 끈을 고쳐 묶은 다음, 빈티지 모자가게를 구경하고 나와 다시금 센 강을 건너 돌아오는 (나에게는) 엄청나게 피곤한 여정이었다. 하지만 여자는 놀라울 만치 쌩쌩했고, 우리는 함께 호텔 1층의 식당에서 저녁을 먹기로 했다.

"5년 전이었는데, 에어비앤비에서 커다란 집을 통째로 빌렸어. 딱 마음에 드는 집이었어. 천장이 높고, 구석에 다락방이 있었는데, 다락방으로 오르는 계단이 아주 굵고 튼튼한 나무 기둥으로 되어 있었지."

여자가 양손을 동원하여 기둥을 묘사하는 동안 내가 속으로 자크 루이 다비드와 에클레르를 생각한 것은 물론 내 탓이 아니다.

그런데 왜 그 기둥이 중요했냐면, 여자는 거기에다 목을 매달아 죽을 생각이었기 때문이다.

"나는 열아홉 살이고, 아주 우울했어. 친구도 없고, 학교도 다니지 않았어. 직업도 없고, 가족이 미웠어. 불면증이 심했지. 난 파리에 와서 죽으려고 했어."

"왜 하필 파리에서?"

"음, 파리에서 자살한다는 것이 낭만적인 느낌이니까?"

여자는 그렇게 말하고는 낄낄거리며 와인을 마셨다.

여자는 이제 스물네 살이고, 더 이상 그렇게 우울하지는 않고 (우울증약을 꼬박꼬박 먹고 있다), 사랑하는 남자친구가 있으며, 일도 하고 있다고 했다(식당에서 서빙 아르바이트를 한다). 나는 시계를 봤다. 밤 10시가 다 되어 가고 있었다.

"타로카드점을 봐 줄 수 있는데. 피곤하지 않다면 내 방에 와서……" 나는 잠시 마음이 흔들렸으나 거절했다. 우리는 호텔로 돌아와 밤인사를 나누고 각자의 방으로 돌아갔다. 나는 기절하듯 잠이 들었다.

—

루브르의 압도적인 규모는, 아무리 많은 관광객을 쌓아 놓고 또 풀어 놓아도 그 광대함이 털끝 하나 손상되지 않을 것이 분명하다. 관광객들은 흥분과 혼란 속에서 이 방에서 저 방으로 몰려다닌다. 소위 '모나리자 방'으로 알려진 전시실에서 엄청난 무리의 관람객들이 중앙에 놓인 다빈치의 조그마한 걸작을 둘러싸고 있다. 흥분한 얼굴로 스마트폰을 휘두르는 사람들에게서 도망쳐 방의 반대편으로 대피하자, 차가운 회색과 녹색으로 빚어진 거대한 그림이 보인다. 베로네세*의 〈가나의 혼인The wedding at Cana〉(1563)이다. 특유의 에메랄드빛 녹색과, 냉기 서린 옅은 회색, 한낮의 실외를 배경으로 하여도 조명을 켠 듯한 인공성이 느껴지는 그의 완벽한 그림들은 거의 데일 정도로 차갑다. 헨리 제임스의 후기 걸작 『비둘기의 날개』 속, 그림같이 완벽하고 시체처럼 차갑게 죽어 있는 밀리 틸과 케이트 크로이의 세계가 떠오르게 하는 기이한 아름다움이다.

한편 넓고 긴, 햇살 가득한 먼지 속 뿌옇게 빛나는 르네상스의 걸작들로 가득한 복도를 통과하면, 다비드가 그린 〈레카미에 부인〉을 발견할 수 있다. 흐트러진 머리카락에 맨발, 엠파이어 실루엣의 장식 없이 수수한 흰빛 드레스를 입은 여자가, 디렉투아르 양식의 단순한 의자에 기대어 있는 이 그림은 대혁명과 나폴레옹으로 상징되는 그 시기 프랑스의 분위기를 집약적으로 보여 준다. 혁명, 젊디젊은 장군, 새로운 프랑스에 대한 사람들의 기대와 우려는 모든 장식적인 요소를 벗어던진 과감한 단순화로 표현되었다. 헨리 제임스의 소설 『대사들』의 등장인물 비오네 부인은 이제는 흔적만 남은, 바로 그 위대한 제국의 매력을 남김없이 보여 주

* 파올로 베로네세Paolo Veronese(1528~1588): 르네상스 시기 이탈리아의 화가. 베니스 출신이다.

는 여자다. "어떤 영광이, 제1제국의 번영이, 나폴레옹의 매혹이, 거대한 전설의 한 흐릿한 광채가" 그녀에게 느껴진다고 작가는 적고 있다.

> 스트레처는 샤토브리앙과 스탈 부인, 심지어 젊은 라마르틴의 세계를 어렴풋이 상상해 보았다. 그것은 하프, 고대 그리스식 항아리, 횃불의 세계로서 갖가지 소품, 작은 장신구와 유품들이 그에게 깊은 인상을 남겼다. 그는 지금까지 한 번도 그런 특별한 위엄을 지닌 사적 유물들을 본 적이 없었다. 작고 오래된 미니어처, 커다란 메달, 사진, 책들. 가죽 뒷면에 화관 무늬가 도금되어 있는 분홍색과 초록색 서적들이 다른 잡다한 소품들과 함께 황동으로 장식된 서랍장의 유리문 안에 진열되어 있었다.
>
> ─ 헨리 제임스, 『대사들』 중

소설 『대사들』의 초반, 주인공 스트레처는 거대한 루브르의 갤러리에 서 있다. 티치아노의 〈하얀 장갑을 낀 남자 L'homme au gant〉 앞, 특이한 모양의 장갑을 낀 회청색 눈의 젊은 남자를 그린 티치아노의 그림을 나 또한 들여다보며 생각한다. 뙤약볕 아래, 한 시간 남짓의 길고 긴 기다림 끝에 들어온 거대한 루브르 궁전의 아름다움에 대해서…… 온통 천사들과 여신들과 영웅들과 만찬으로 가득한 그림들, 그 아래, 끝도 없이 펼쳐진 복도와 방들을, 현기증과 두통으로 달뜬 이마를 꾹꾹 누르며 유령처럼 끌려다니다 보면, 성대하게 차려진 술상 같은 완벽한 그림들, 조각들, 그 위를 비추는 햇살과 그 햇살을 반사하는 오래된 거울들과, 거기에 비친 옹색한 관람객―우리들의 모습 너머로 포착되는, 절대 손상될 수 없는 신적 존재들로 가득한, 천국처럼 영원한 듯 정지된 예술세계에 홀린 듯이 배가 부르다. 나는 진정한, 아니 최초의, 어쩌면 유일한, 현세의 사치를 누려 본 듯하다. 그런데 그 사치라는 것이 아무래도 초대받지 않은 남의 집 잔치 같다. 절대로, 초대받을 수 없는 갈릴레아 어딘가 가나라는 이름의 도시에서 열린 결혼식처럼…….

―

　호텔로 돌아왔을 때, 덴마크 여자의 남자친구가 도착해 있었다. 우리는 짧게 인사를 나누었다. 둘은 저녁을 먹으러 나갔고, 나는 샌드위치와 함께 방으로 돌아왔다. 좁은 바닥에 앉아 샌드위치를 씹으며 티비를 틀자, 화면에는 정치인으로 보이는 남자가 나와서 연설을 하고 있었다. 아주 길고 장황했다. 연설이 끝나자 화면이 바뀌고 사람들이 어떤 멋진 방에 모여 앉아 더욱 장황하고 길고 긴 토론을 시작했다.

　그날 밤 꿈에는 헨리 제임스의 『대사들』 속 비오네 부인이 나왔다. 그녀는 다비드의 〈레카미에 부인의 초상〉에 나오는 바로 그 의자에 누워 있었다. 비오네 부인은 그림 속 레카미에 부인과 달리 붉은빛 옷을 입고 있었다. 그리고 머리에 두른 것은 짙은 색 띠가 아니고 구릿빛의 쇠로 된 링 같은 것이었다. 자세히 보니 그것은 비오네 부인이 아니고 'ㄴ' 자로 꺾인 붉은빛의 관이었다. 좀 더

루브르 박물관

한 관광객이 루브르 앞에서 사진을 찍고 있다. 루브르의 압도적인 규모는, 아무리 많은 관광객을 쌓아 놓고 또 풀어 놓아도, 그 광대함이 털끝 하나 손상되지 않을 것이 분명하다.

자세히 보니 그것은 마그리트[*]가 그린 〈레카미에 부인의 초상〉이었다. 촛불로 밝힌 어두운 방 한가운데에서, 비오네 부인이자 레카미에 부인인 붉은빛 관이 고요한 눈길로 나를 쳐다보고 있었다. 나도 그녀를 바라보았다. 한참 뒤 그녀가 근사한 프랑스어로 나직하게 속삭였다. "타로카드점을 봐 줄 수 있는데. 피곤하지 않다면 내 방에 와서……."

꿈에서 깨어났을 때는 이른 새벽이었다. 멀리서부터 동이 트고 있었다. 희미한 빛이, 깨어질 것같이 흐릿한 빛이, 당장 무너질 것같이 연약하던 그 빛이, 아주 조금씩 퍼져 나가더니 돌연 대담하게 깊은 어둠에 잠겨 있는 하늘을 흔들어 깨우기 시작했다. 이윽고 어느 한순간 도시 전체가 환하게 빛나며 시야 속으로 밀려들었다. 어둠에서 솟구쳐 나온 도시가 다시 찬란한 햇살 속으로 침몰하기 시작했다. 장관이었다. 나는 먼지 낀 창문에 매달린 채, 햇살 속으로 가라앉는 이 아름다운, 오래전에 멈춰 버린, 19세기의 도시를 바라보았다. 찬란히 떠오른 해가 눈이 부셔 더 이상 바라볼 수 없을 때까지, 계속해서. 방돔 광장의 기념탑이 금빛으로 환하게 물들어 가고 있었다.

---

[*] 르네 마그리트René Magritte(1898~1967): 벨기에 출신의 초현실주의 화가.

런던

재와 먼지

　반투명의 초록색 비닐장갑을 낀 점원의 손이 내 앞에 커다란 카푸치노 잔을 내려놓았다. 그녀는 신고 있는 알록달록한 나이키 러닝화의 색깔만큼이나 활기차 보였다. 자세히 보면 카페를 꽉 채운 진한 커피 냄새에 완전히 훈제된 사람 같기도. 그게 활력의 참모습인지 아니면 뭔가 그래서는 안 되는 것이 산 채로 태워지는 광경인지는 알 수가 없다. 어쨌든 카페란 참으로 으스스한 장소이며 런던 또한 예외가 아니라는 사실에 안도하며.

　그렇다. 런던으로 돌아왔다.
　끔찍한 샌드위치의 도시로.

　이곳에서 지낸 지 어느덧 한 달이 다 되어 간다. 왜 런던에 왔죠? 입국장에서의 질문에 나는 솔직하게 대답했다. 헨리 제임스라는 소설가에 대한 책을 쓰려고 합니다. 미국 사람인데, 런던에서 살았거든요. 다음 질문은 없었다. 과연, 합당한 이유로 나는 이곳에서 지내고 있다. 하지만 왜 스스로에게 이렇게나 눈치가 보이고 사기 치고 있는 듯한 기분이 드는 걸까?

대학교 1학년 몹시 칙칙했던 겨울, 혹은 독서에 심취했던 풋풋했던 시절, 헨리 제임스라는 지루한 이름을 가진 소설가의 『아메리칸』이라는 멋대가리 없는 제목의 소설을 읽었다. 그때 내가 헨리 제임스에게 관심을 가질 이유는 하나도 없었다. 어차피 읽을 책은 너무 많고, 나는 좀 더 멋진 이름의 소설가가 쓴, 좀 더 멋진 제목의 책을 읽을 것이다. 그편이 나의 친애하는 아트스쿨 동료들에게도 자랑하기 편할 테니까. 자연스러운 귀결로서 얼마 뒤 나는 헨리 제임스라는 이름을 완전히 잊었다. 이후 10년 가까이, 나의 기억을 환기시키는 일은 벌어지지 않았다. 그러던 어느 날 『카사마시마 공주』라는 이국적인 이름과 함께 그가 돌아온 것은 2014년의 여름, (지금은 남편이 된) 남자친구와의 저녁식사에서였다. 그가 요새 『카사마시마 공주』라는 책을 읽고 있다고 했을 때 나는 곧장 아라비안나이트와 백설공주 사이 어딘가의 상상 속 해변으로 날아가……. 이어진 그의 설명에 따르면 그것은 이국적 사랑 얘기라기보다는 피 냄새나는 혁명에 대한 책이었다. 약간의 호기심이 일었다. 얼마 뒤 인터넷 서점에 접속하여 메인 페이지에 뜬 신작들을 하나하나 살펴보다가는 그 책이 떠올랐다. 하지만 아쉽게도 주문하면 도착하는 데 한 달 가까이 걸린다는 친절한 배송 안내에 헨리 제임스가 쓴 다른 책들을 찾아보기 시작했다. 결국 나는 가장 인기 있어 보이는 『여인의 초상』을 선택했다.

　책은 예상과 달리 쉽게 읽혔고, 또 풋풋한 매력이 있는 책이었다. 읽은 김에 헨리 제임스의 또 다른 대표작이라는 『나사의 회전』도 읽었다. 오, 좀 더 난해하지만 세련된 매력이 있었다. 왠지 모를 자신감 속에서 나는 그의 후기 걸작이라는 『비둘기의 날개』를 펴 들었다. 오…… 그 책은 읽는 게 불가능해 보였다. 영화 〈미션 임파서블〉 시리즈에 나오는 외부로부터 완벽하게 차단되어 있는 비밀의 방 같달까. 물론 나는 톰 크루즈와 달리 엄청난 지능과 체력, 그리고 멋진 동료들이 없으므로 포기하는 게 나을 것이다. 이후 그 책은 책상 한편에 놓인 채, 나를 불편하게 했다. 출판사로부터 메일을 받은 것은 바로 그 무렵이었다.

　한 명의 작가를 선택하여 그의 생애와 작품세계 전반에 대해 심도 있게 탐구하는 문학기행집 시리즈를 기획하고 있는데, 그 시리즈에 나의 참여 의향을 묻는 것이 메일의 내용이었다. 첨부된 메일에는 선택 가능한 작가들의 목록이 있었는데 그 안에 놀랍게도 헨리 제임스의 이름이 포함되어 있었다. 나는 여전히 책상 구석에 쓸쓸하게 놓여 있는 『비둘기의 날개』를 바라보았다. 만약에…… 내가 헨리 제임스에 대해서 쓰기로 한다면 적어도, 저 책을 끝낼 수 있지 않을까?

—

　그 뒤 일사천리로 진행된 계약과 우여곡절 끝에 나의 막연한 희망은 그로부터 한 계절을 건너뛰어, 이른 여름의 쾌청한 런던에 나를 풀어놓았다. 물론『비둘기의 날개』는 여전히 도입부 언저리에 책갈피가 끼워져 있는 채로, 여행가방 어딘가에 쑤셔 넣어져 있겠지. 됐고, 나는 택시 창 너머 싱그러운 하이드 파크의 풍경에 넋을 잃는 중이었다. 솔직히 돌아오고 싶었다. 내 아주 사적인 궁금증을 풀기 위해.

몇 년 전 여름 런던 한복판에서 보낸 한 주에 대한 기억은, 즉흥적인 여행이 그렇듯 꿈처럼 듬성듬성 얼기설기 이치에 맞지 않게 남아 있다. 몇 개의 강렬한 기억을 제외하면 대부분은 완전히 잊혔다고 볼 수 있다. 지루하도록 길던 공항의 입국심사, 도심 한복판으로 쏟아져 들어오던 관광버스들, 리젠트 거리를 가득 메운 상점, 습기 찬 햇살과 소금기가 느껴지던 바람……. 기억을 뛰어넘어 나에게 각인된 이미지는 도시의 늙음이었다. 그렇다. 도시는 폭삭 늙어 있었다. 재생의 기미는 없어 보였다. 세상 풍파를 다 겪은 얼굴로, 고급 호텔 로비에 앉아 젊은 연인들을 흘끗거리는 부유한 노파처럼, 진한 향수와 화장으로 주름살을 감춘 채, 축 늘어진 앙상한 팔을 상아색 모피코트에 파묻은 채, 하지만 마음 한 구석 순진한 소녀적 설렘은 절대 양보할 생각 없다는 듯, 그 설렘을 만족시켜 줄 누군가를 찾는 시도를 절대로 포기할 생각 따위 없다는 듯, 그러니까 여전히 그때 그 시절 그 꿈꾸는 듯한 유혹적인 눈길로 세상을 바라보는 탐욕스러운 노인의 모습. 그것이 내 눈에 비친 런던이었다. 하지만 혐오와 경멸, 어리둥절함 속에서도 런던이 보내는 그 괴팍한 추파를 완전히 무시할 수가 없었다. 그녀의

이탈리안 가든

하이드 파크 풍경. 도착한 뒤 런던에는 전혀 비가 내리지 않으며 날씨가 끝내준다.

뒤늦은 욕심은 추하고 징그러웠지만 그럼에도 불구하고, 여전히 매혹적인 데가 있었던 것이다. 그녀 또한 그것을 아주 잘 알고 있는 듯했다. 즉, 그녀는 내가 다시 돌아올 것을 빤히 알고 있었던 것이다.

정리하자면, 런던에서 지내게 된 뒤로 나는 줄곧 묘한 패배감에 사로잡혀 있다는 이야기.

악명과 달리, 요새 런던에는 전혀 비가 내리지 않으며 날씨가 끝내준다. 내 주위에는 어딘가 소심한 인상의, 하지만 인상과는 반대로 지나치게 인상적인 옷차림의 영국 남자들이 신문을 읽거나 대화를 나누고 있다. 그동안 관찰한 바에 의하면 영국 남자들은 매우 소심하다. 해외순방중인 프로 정치인처럼 멋들어지게 차려입은 외양과 자신감 따위 내 사전에 없다는 듯 소심하기 짝이 없는 행동 사이의 격차가 너무 커서 웃음을 불러일으킬 정도다. 시내의 아무 상점에나 들어가면 근사한 옷차림의 남자들이 잔뜩 긴장한 표정으로 상품들의 주위를 빙빙 도는 것을 어렵지 않게 발견할 수 있다. 방금 카페로 오는 길에도 완벽하게 테일러드된 재킷을 입은 남자가 멀리서 아주 천천히 다가오는 트럭을 보고 놀라 펄쩍 뛰어오르는 장면을 목격했다. 이상을 통해 내가 내린 결론은, 옷을 잘 입는 것과 소심한 마음은 정비례한다는 것. 그런데 진짜 재밌는 것은 이 소심한 영국 남자들이 무리 지어 다닐 때면 태도가 싹 바뀐다는 것이다. 아주 거리낄 게 없어 보인다. 그래서인지 몰라도 이들은 대체로 몰려다닌다. 쫙 빼입은 성인 남자들이 세 명씩 다섯 명씩 신나서 재잘거리며 거리를 활보하는 모습을 런던에서는 사방에서 발견할 수 있다. 이것은 뭘 의미하는 것일까? 일정 나이와 소득 이상의 런던에 사는 성인 남성은 무조건 세 명 이상의 동성 친구들에게 둘러싸여 있어야 하며 동시에 정장을 멋지게 차려입어야만 외출이 가능한 것일까? 이것이 런던 젠틀맨 법칙인가? 그런데 그렇게 차려입고 나와서는 고작 하는 짓이 동료들과 참새처럼 재잘거리며 거리를 산책하는 것이라니! 하여 내가 슬쩍 궁금해지는 것은, 저렇게나 소심 덩어리인 영국 남자들은 도대체 어떤 식으로 연애에 이르는가?

커피를 마시며 이런저런 생각 사이를 거닐던 나는 한편, 더욱 깊은 패배감 속으로 빠져들었다. 그 이유는 다름 아닌 지금 이곳에 있는 모든 사람이 나보다 옷을 잘 입었다는 충격적인 자각 탓이었다. 그렇다. 남자들뿐만이 아니라, 이 도시의 사람들은 죄다 미친 듯이 옷을 잘 입는다. 나는 분명히 평소보다 좀 더 신경을 써서 입고 나왔는데, 솔직히 아주 많이, 한데 그런 정도의 노력은 아무것도 아니라는 듯 예술의 경지에 다다른 패션 센스를 자랑하는 런더너들이 내 앞을 휙휙 지나간다. 나의 낙담을 눈치챈 듯, 왼쪽 테이블에 젊은 여자 둘이 슬쩍 자리를 잡았다. 그들은 신인류의 냄새를 풍긴다. 즉, 어리고, 아름다우며, 비정상적으로 증폭된 활력이 느껴진다. 유치원 입학과 함께 페이스북에 가입하고, 초등학교 입학과 함께 ADHD 판정을 받고, 중학교 입학과 함께 스냅챗을 시작한? 그런 구세대의 상상 속 신인류 말이다. 내가 자신들을 주목하고 있는 것을 잘 안다는 듯, 그들은 내 자리의 절반을 빼앗아 간 다음 미국영어와 영국영어를 절묘하게 뒤섞은 뒤죽박죽의 톤으로 수다를 떨기 시작했다. "엄마가 포지타노에 가야 된다고 했어. 하지만 나는 남부가 싫어. 나는 북부 이탈리아가 좋아. 제노아, 리비에라, 아니면 포르토피노에 가고 싶은데……. 크레타에 가서 당나귀를 타면 어떨까 ㅋㅋㅋ 그런데 곤돌라를 스웨덴에서는 뭐라고 부르는지 알아?"

"곤돌라."

"제냐가 나한테 불평을 잔뜩 늘어놓는 거야. 엄마한테 다른 스케줄이 있대. 그녀는 한 번에 백 가지 일정을 소화하려고 하지, 그게 가능하다고 생각한다나! 음, 제냐 얘기로는, 음……, 샌프란시스코에서 엄마가 투자한 스타트업의 I-P-O-가, 맞아, 저번에 에반 스피겔을 봤는데, 그 사람이 이번에 구글캠프에서, 아니, 엄마는 그 캠프에 초대받지 못했어, 당연히. 하지만 런던에서……."

"존이 결혼을 한대."

"말도 안 돼!"

"진짜야, 이번에 시티에 아파트를 구했는데 거기에 윗층에 사는 중국애가……." (차이니즈, 한 다음에 그 여자애가 잠시 멈춰 나를 본 듯 보지 않은 듯 커피잔을 살짝 옮기는 그 깜찍한 손짓, 그것을 극도의 세련이라 불러야 하는지 궁극의 야만이라 불러야 하는지 갈피를 잡을 수가 없다.)

"초밥 먹으러 갈까?"

"배고파?"

(그러고는 문득 겸손하게 양손을 무릎 위에 포개 놓는 또 다른 여자애의 제

스쳐는 나를 향한 무언의 사과인가?)

그들의 대화는 곡예를 타듯 아슬아슬하게 이어졌고, 카페인 기운 속에서 나는 점차 어지러워지기 시작했다. 나의 그런 상태를 너무나도 잘 이해한다는 듯 그들의 대화 주제가 아무 맥락 없이 케이팝으로 건너뛰었다. "걔랑 말이 전혀 잘 안 통해. 내 말은, 우리가 옥스퍼드에 놀러 갔을 때, 거기서 케이티가 빌어먹을, 걔는 미친 하루 종일 케이팝 얘기만 했단 말이야. 하지만 나는 케이팝이 싫어. 아니 싫어한다기보다, 그건 너무, 음, 뭐랄까…… 물론 당연히……."

"하지만 동양 여자애들은 귀엽잖아!"

"그렇지, 아주 작고!" 외치며 여자애가 뭔가를 거칠게 움켜잡는 제스처를 했고, 나는 공포에 사로잡혔다.

"아빠가 테슬라 살 거래."

"우와!"

"난 아빠가 행복하기를 바라, 진심으로!"

그쯤에서 나는 남은 크루아상을 통째로, 흘러내린 머리카락과 함께 먹어 치운 다음 도망쳤다.

—

완전히 풀이 죽은 채 숙소 앞에 도착한 나는 망설였다. 이대로 들어가면 정말이지 완패한 기분이 들 것만 같은데. 분명, 방에 처박힌 채 핸드폰이나 들여다보다가 늦은 밤 신라면을 끓여 먹고 잔

마블아치
마블아치 역 근처에는 물담배 카페가 늘어서 있다.

뜩 부은 채로 잠이 들겠지……. 젠장, 젠장. 나는 즉흥적으로 마블
아치 역 쪽으로 발걸음을 옮겼다. 점심도 채 되지 않았건만 역 앞
은 이미 관광객들로 버무려진 거대한 젤리 덩어리 같은 게 출렁이
고 있었다. 나는 그 반투명의 몰캉한 덩어리 속에 몸을 실었다. 그
러자 약간 기분이 나아졌다. 난파되어 둥둥 떠다니는 조각배처럼
인파들에 파묻혔다가 떨어져 나왔다가 다시 집어삼켜지는 사이
이 찝찝한 패배감이 사라지기를, 어서, 나는 바라기 시작했다.

—

처음으로 근대도시가 등장하고, 터질 듯이 커져 나가고, 극단적
풍요와 가난 사이에서 뒤뚱뒤뚱 걸으며, 인간들을 산 채로 먹어
치우는 광경에 문학은 매혹되었다. 발자크에게 파리가 있었고, 도
스토옙스키에게 상트페테르부르크가 있었던 것처럼 헨리 제임스
에게는 런던이 있었다. 신참내기 런더너 헨리 제임스에게 도시는
고야의 그림 속 거인과 같은 무시무시한 존재였지만 한편, 넉넉한
품을 가진 그녀이기도 했다. 하지만 그렇게 순진한 구석이 있는
정 많은 괴물로서의 런던을 재발견하기에, 지금 내 앞에 펼쳐진
이 도시는 그저 야박하게 느껴질 뿐이다. 예감한다. 내가 런던에
서 보낸 시간들은 재와 먼지와 같을 것이다.
　눈에 들어오는 모든 것들, 도시와 인간들을 끝없이 품평하고,
판단하고, 힐난하고, 비웃고, 자신의 환상을 투영하고, 헐떡이듯
돈을 쓰고, 눈을 깜빡이는 것보다 자주 사진을 찍고, 현기증 나게

긴 줄의 끝에 한 발을 들이밀고, 그런 뒤에도 도무지 끝날 기미가 없이 이어지는 이 행렬, 이 기나긴 순례의 끝은 무엇일까?

사람들은 과거의 흔적을 찾아 순례를 떠난다. 하지만 마주치는 것은 재와 먼지뿐. 그것을 통해 사람들은 건설한다. 주머니를 탈탈 털어 환상의 제국을 허공에다가 그려 본다. 나 또한 헨리 제임스라는 유령을 핑계 삼아 그 짓을 하고 있는 것이다. 영영 사라져 버린 과거를 허공에다가 이렇게 저렇게……. 그렇다면 차라리 거리를 꽉 메운 이 해로운 먼지들을 빈 파스타 소스 병에 담아 가지고 돌아가는 것이 나으리라. 고향으로 돌아가, 짐가방을 풀고, 소중하게 가져온 그 빈 파스타 소스 병의 뚜껑을 열면,

자, 보시오. 여기 당신들이 그렇게나 바라던 과거와 역사와 문학의 먼지가 있소. 그것의 과연 몇 퍼센트가 과거와 역사와 문학에 속하는지는 모르겠지만, 그것의 도대체 몇 퍼센트가 런던 출신인지조차 나는 확신할 수 없지만, 아무튼 자, 여기에 있소. 당신들이 찾던 바로 그 환상이, 당신들이 그토록 갖고자 하는 그 미친 망상이, 갈망하는, 소망하는, 기원하는, 환상들의, 오직 환상들로 이루어진, 환상의 제국, 이미 아주 오래전 사라져 버린 그 위대한 제국의 재와 먼지가…….

도시를 가득 채운 재와 먼지를 쫓아 나는 그 세계로 들어가려고 한다. 착란과 유령으로 가득한 제국의 환상 속으로, 지상 최대의 지옥, 그 찬란했던 기억 속으로…….

바빌론

에세이집 『영국의 시간』에 수록된 에세이 「런던」에서 헨리 제임스는 런던을 "혼탁한 현대의 바빌론"이라 불렀다.

> 낮고 검은 집들은 싸구려 술집의 혼잡한 구석에 죽 늘어선 석탄 통들처럼 생기가 없었다. 그 집들 사이로 어둠보다도 잔인한 불빛이 번득였다.
> ─ 헨리 제임스, 「런던」 중

같은 에세이에서 그는 성인이 되어 처음 런던을 방문한 1869년을 회상한다. 유스톤 역에 도착했을 때는 이미 어둠이 내린 때였다. 비에 촉촉이 젖은 삼월의 일요일이었다. 그는 곧장 트라팔가 광장에 있는 몰리호텔로 향했다. 흥분된 그의 눈앞에 펼쳐진 런던은 관습적인 아름다움과는 거리가 먼 장소였다. 솔직히 말해 끔찍이도 추했다. 하지만 동시에 신화 속 괴물같이 매혹적이었다. 세인트폴 성당 같은 유서 깊은 건축물들과 음침한 슬럼가가 뒤죽박죽 공존하는 런던의 풍경에서 그는 전까지 읽거나 듣기만 했던 "역사가 다시 깨어나 살아 숨 쉬는" 느낌이 뭔지 알게 되었다고 털어놓는다.

살아 움직이는 거대한 생명체로서의 런던에서 제임스는 "도시 전체가 갑작스러운 전율로서 자신을 향해 밀려드는 것을 느낀다." 그는 단언한다. "런던은 흉측하고, 악랄하며, 잔혹하고, 무엇보다 압도적이다." 그는 이 압도적인 괴물 앞에서 희생자가 될 수밖에 없음을 직감한다. 하지만 그 잔인한 운명은 혼자만의 것이 아니다. 어제도, 오늘도, 내일도, 이 괴물의 먹잇감이 되고자 런던으로 몰려드는 자들은 부족하지 않기 때문이다.

> 런던은 진정 지구의 축소판이다. 이곳에서 구하지 못할 것은 아무것도 없다는 상투적인 말만큼이나 여기서 직접 살펴 배우지 못할 것은 없다는 말 역시 이 도시에서는 진실이다.
>
> ― 헨리 제임스, 「런던」 중

"세계의 축소판" 런던은 "긍정적 측면에서 세계 최고의 문제아"이며, 동시에 "걸신들린 전지전능한 식인귀"처럼 보이기도 한다. 물론 그 식인귀가 무시무시하기만 한 것은 아니다. 런던은 자신을 하찮게 여기는 자들에게는 무자비하지만, 반대로 자신을 진지하게 취급하는 사람에게는 "내가 형편없는 사기꾼이라는 것을 몰랐나요?"라며 짐짓 시치미를 떼는 여우 같은 존재다. 결과적으로 런던은 공평한 도시다. 도시 안에는 "명성이, 지위가, 탁월함이 넘쳐흐르기 때문에 그중 하나를 골라잡는 것은 그렇게 어렵지 않다"는 이유에서 그렇다. 그런데 이렇게 흥미진진한 것들로 넘쳐나는 "쉬지 않고 돌아가는 엄청난 인간공장"인 런던이라는 요괴가 바라는 것은 사실상 그저 잠깐의 즐거움, 기분전환일 따름이라고 소설가는 주장한다.

너무 많은 흥밋거리 때문일까? 혹은 그저 타고난 천성일까? 변덕스러운 괴물 런던은 쉽게 기뻐하고 또 쉽게 지루해진다. 하여 끊임없이 새로운 즐거움을 찾아 헤매는 사이 이 산만한 괴물은 멋대가리 없는 외양을 갖게 되고 말았다. 온갖 종류의 인간들을 가리지 않고 먹어 치우는 통에 자신만의 스타일을 가질 여력을 잃고 만 것이다. 이런 런던의 반反양식적 양식은 가까운 도시 파리와 비교했을 때 선명하게 드러난다. 파리는, 헨리 제임스에 의하면, 그 도시에 있는 모든 사람에게 아름다움의 불멸을, 영원히 앞선 트렌드를, 구닥다리가 되는 것의 원천봉쇄를 약속한다. 파리에서는 모든 것이 품격 있고, 어떤 것도 조화롭지 않은 것은 없다. 한편 런던은 정반대다. "낮고 칙칙한 싸구려 집들로 덮인 거대한 공간에는 아무런 장식도, 영광도, 특성도, 심지어 동질성도 없다."

다시금 강조하지만 이것은 런던의 비참함에 대한 폭로가 아니다. 반대로 런던이 가진 엄청난 힘에 대한 칭송에 가깝다. 유례없는 추악함에 파묻힌 도시 런던은 바로 그 추악함이야말로 스스로의 위대함에 대한 특별한 상징임을 스스로가 너무나도 잘 안다. 낮게 깔린 슬럼가들이야말로 런던의 진짜 활력인 것이다. 쾌적한 도심 공원을 둘러싼 빈민촌, 장엄한 웨스트민스터 사원의 끝자락을 갉아먹으며 늘어선 슬럼가, 블룸스버리와 첼시의 가공할 더러움 등, 도시가 전혀 감출 생각이 없어 보이는, 비참한 가난에서 젊은 헨리 제임스는 깊은 인상을 받았다. 그는 런던의 공원을 가난한 자들의 응접실이자 사교클럽으로, 좁은 풀밭과 골목길을 슬럼가의 살롱이라 불렀다. 레온 에델은 제임스가 결국 상류층들의 역사가로 남게 되는 것은 맞지만 초창기 런던 시절 목격한 "호가스*의 런던"을 결코 잊지 않았다고 말한다.

—

이 최초의 흥분 속에서, 사방에 펼쳐진 놀랍도록 비인격적인 인류 전체만이 그녀의 유일한 동반자인 것처럼 느껴졌다. 따라서 그녀가 속한 곳은 바로 지금 이곳, 런던의 회색빛 광대함뿐이다. 회색빛 광대함이 불현듯 그녀의 일부가 된 듯했다.

(중략)

이 세상 어느 누구도 그녀가 있는 곳을 알지 못한다는 마법 같은 느낌을 그녀는 느꼈다. 이런 일은 처음이었다. 이전에는 누구든 항상 그녀가 어디에 있는지를 알고 있었다. 그리고 지금 이 순간 문득, 그녀는 지금까지 자신이 살아온 것이 진짜 삶이 아니었다는 것을 깨달았다.

— 헨리 제임스, 『비둘기의 날개』 중

헨리 제임스의 후기작 『비둘기의 날개』의 주인공 밀리 틸. 집안의 유일한 생존자이자 엄청난 유산의 상속녀지만 안타깝게도 불치의 병에 걸린 그녀는 홀로 의사를 만나고 돌아오는 길에 무방비 상태로 혼잡한 런던의 거리 속으로 섞여 든다. 익명의 군중들이

* 윌리엄 호가스William Hogarth(1697~1764): 18세기 영국의 화가. 풍자적인 화풍으로 유명하며 민중적인 주제를 즐겨 다루었다. 조지 2세의 궁정화가를 지냈다.

가진 광포한 에너지 앞에서 그녀는 생애 최초로 정신적 해방감을 맛본다. 한 인간이 가늠할 수 없는 까마득한 규모의 세계 속에서, 그녀는 아이러니하게도 '삶'이 무엇인지 생생하게 분별할 수 있게 된 것이다. 겉으로는 호화롭고 예의 바르지만, 서로가 서로의 사적인 계책의 도구이자 대상인 차갑고 냉정한 런던의 상류세계에 포획된 가엾은 희생양 밀리가 얼마 남지 않은 자신의 미래를 결정하는 순간이다. 그녀는 삶이라는 생생한 감각을 믿기로 마음먹는다. 어쩌면 무모한 광기에 불과할 그런 로맨틱한 선택으로 그녀를 이끈 것은 런던 거리를 가득 채운 회색 먼지가 아니었을가?

거대한 군중, 아찔한 빈부격차, 누구의 편도 아닌 비정한 인간 공장, 이런 수식어들은 물론 헨리 제임스의 런던에만 들어맞는 것은 아니다. 근대 이후 등장한 대도시들은 대체로 비슷한 악명을 갖는다. 이런 메가시티 특유의 비정함이 가진 긍정적 측면이라면 개인들에게 일말의 혹은 찰나의 자유를 허용한다는 것이다. 압도적인 규모와 멈추지 않는 이동은 개인들이 도망치고 사라질 틈을 만들어 낸다. 인간들은 매 순간 쏟아져 들어오고 다시 흩어져 나간다. 우리는 그들을 알 도리가 없다. 영원히 모르는 자들 앞에서 인간들은 사적인 광기 속에 잠길 수 있다. 그것은 20세기 모더니즘 문학 사조가 추구한 의식의 해방이자 거리의 해방적 면모였다.

의식의 해방, 거리의 해방적 면모……. 여전히 사람들이 도시에서 원하는 것이다. 나아가 미디어에서, 정부에서, 학교에서, 광고판에서 앞다투어 외치는……. 어떤 시각으로 봤을 때 온 세계는 여전히 항구적 혁명, 해방적 자유를 요구하고 있는 것처럼 보인다. 하지만 그에 대해 오늘의 런던, 내 눈앞에 실제로 펼쳐진 이 거리를 바라보며 생각해 봤을 때 그저 완벽한 위선처럼 느껴지는 이유는 뭘까.

솔직히 말해 요즘의 도시들 그 어디에서도 그 어떤 자유의 가능성도 느껴지지 않는다. 반대로 자유라는 가능성은 불길한 까마귀 떼처럼 빌딩 외벽에 달라붙은 CCTV 너머, 사람들의 손에 들린 스마트폰 카메라 속으로 빨려 들어가 완전히 분쇄되어 버렸다. 『비둘기의 날개』 속 불운한 연인인 케이트와 덴셔는 사람들로 가득한 지하철에서 서로를 향해 억제된 욕망을 조심스레 풀어 놓을 수 있었다. 하지만 SNS로 생중계 가능한 요즘의 지하철에서라면?

볼튼가 3번지

1876년 헨리 제임스가 최종적으로 런던에 정착하게 되었을 때 그의 나이도 어느덧 서른셋, 더 이상 풋내기 소설가 지망생이 아니었다. 그간 그는 세 권의 장편 소설을 썼다. 『주야경계』(1871), 『로드릭 허드슨』(1875), 그리고 마지막으로 파리에서 마무리하여 출판사에 넘긴 『아메리칸』(1877) 은 그의 초기 대표작이 될 것이었다. 이후 1898년 서식스에 있는 램하우스로 옮기기 전까지 그는 20년 넘게 런던에서 지내며 작가로서 성공하였고 동시에 제국의 전성기를 목격했다.

런던에서 헨리 제임스는 볼튼가 3번지에 집을 구했다. 완전한 이방인으로서 시간이 날 때마다 무작정 걸어 다니며 도시를 익혔다. 앞서 적었듯 그는 런던의 화려함 이면에 감추어진 비참한 가난에 깊은 인상을 받았다. 빅토리아 여왕 시기 런던은 말 그대로 "제국의 수도"였다. 그 제국의 가장 높은 곳과 가장 낮은 곳이 동시에 펼쳐진 도시 런던을 면밀히 관찰한 끝에 그가 내린 결론은 지금 이 도시가 문명의 정점에 닿아 있다는 것이었다. 물론 그의 날카로운 시선은 정점에 닿은 문명의 내부에서 시작된 작은 균열을 놓치지 않았다. 그는 형 윌리엄에게 보낸 편지에서 영국은 머지않아 지금의 힘을 잃고 다시는 되찾지 못할 것이라 적는다.

—

건실하게 작가로서의 경력을 쌓아 가고 있는 헨리 제임스였지만 막상 삶을 위한 탐험은 영 신통치가 않았다. 뉴욕, 파리, 심지어 보스턴에도 정착을 시도했지만 실패로 끝나고 런던으로 향하기 직전에 남긴 일기에서 그는 이렇게 적었다. "나는 내가 영원한 이방인이어야 함을 이해했다."

하지만 런던에서, 그의 외로운 이방인 생활은 마침내 끝을 맺게 된다. 런던 사교계의 이목을 끌게 된 것이다. 런던 주재 미국공사의 2등 서기관이자, 런던 사회에 적응하는 데 애를 먹고 있던 윌리엄 존스 호핀은 각광받는 인사가 된 헨리 제임스의 성공 비결에 대해서 이렇게 말했다.

헨리 제임스는 잘생겼고, 매너가 좋으며, 무엇보다 유명 작가다. 사람들은 그의 책을 읽고, 자연히 그를 알고자 하는 호기심이 생긴다. 나는 그가 달변가는 아니라 생각한다. 가장 좋은 이야깃거리는 자신의 소설을 위해서 꺼내 놓지 않기 때문이리라.

— 레온 에델, 『헨리 제임스의 생애』 중

늘 주변부를 맴돌며 외로움에 시달렸던 제임스는 드디어 사는 맛을 느낀다. 조지 엘리엇, 로버트 브라우닝 등 이야기로만 전해 듣던 문학계 유명 인사들과의 만남도 이어진다. 그는 사교적 만남과 사적인 일상이 공존할 수 있는 런던의 개인주의적 분위기에 만족했고, 그렇게 런던은 떠돌이 소설가의 보금자리가 되어 주었다. 이후 그의 삶이 보여 주는 것은 파티와 조용한 글쓰기, 떠들썩한 여행과 내밀한 우정 사이의 모순적인 균형이다. 그는 화려한 디너파티를 좋아했지만 그것이 글쓰기를 망칠까 두려워했다. 카리스마 넘치는 사교계 인사들을 사랑했지만 그들이 자신의 영혼을 지배하게 될까 극도로 조심했다. 그는 자신의 사적인 삶이 결코 소란스러운 광장 한복판에 전시되지 않기를 바랐다.

런던에 성공적으로 정착하게 된 이 시점, 그는 미국에서 형인 윌리엄 제임스가 결혼을 한다는 소식을 전해 듣는다. 그는 형의 결혼식이 끝난 뒤에야 축하 편지를 보낸다. 편지에서 그는 이것으로 나는 형과 결별했다고 적고 있다. 물론 그것은 오랜 시간 형에게 의지해 왔던 동생으로서 홧김에 늘어놓은 말이었고, 그와 형의 복잡하게 얽힌 관계는 형 윌리엄이 죽을 때까지 이어진다.

문학적 성공과 사회적 성공을 양손에 거머쥔 서른여섯의 제임스는 중기 대표작『여인의 초상』의 집필을 시작하고, 책의 집필 장소였던 베니스에서 평생의 친구 페니모어를 만나게 된다. 그녀는 이미 그의 존재를 알고 있었다. 아니 제임스의 굉장한 팬으로서 그의 책을 통해서 유럽에 눈을 뜨는 경험을 했다. 이후 그녀는 홀로 유럽으로 건너와 누구의 도움도 없이 작가로서의 삶을 살아가고 있었다. 역시 혈혈단신 유럽으로 건너온 제임스는 페니모어에게 깊은 동지애를 느낀다. 별다른 연고 없이 유럽에서 지내는 미국 출신 작가라는 비슷한 처지에, 헨리 제임스의 준수한 외모, 다정다감한 매너에 반한 페니모어는 그를 결혼 상대로 생각하기까지 한다. 하지만 그에게 결혼할 생각이 전혀 없다는 것을 알게 된 뒤 단념, 끝까지 가까운 친구로 남는다.*

—

1881년, 제임스는 5년 만에 고향 보스턴을 방문한다. 많은 것이 달라졌음을 실감하는 한편 자신이 고국 대신 유럽, 그 오래된 세계를 택한 것이 옳은 결심이었음을 재확인한다. 하지만 미국 체류는 예상보다 길어진다. 그는 미국에 머물면서 필라델피아와 뉴욕, 워싱턴 D.C. 등을 방문하고, 새로운 책『보스턴 사람들 *The Bostonians*』의 집필을 시작한다.

* 후대 연구가들은 헨리 제임스가 동성애자였을 것이라 추측한다.

1882년 1월, 그는 워싱턴 D.C.에 있었다. 같은 달 29일, 저녁 파티에 가기 위해 옷을 차려입던 그는 형 윌리엄의 아내 앨리스로부터 어머니가 위급하다는 내용의 전보를 받는다. 그는 곧바로 어머니가 있는 보스턴으로 향하지만 어머니의 임종을 지키지는 못한다. 헨리 제임스는 자신을 천사라 부르며 아꼈던, 누구보다 사랑하는 어머니를 잃었다. 어머니의 장례를 치른 뒤 유럽으로 돌아온 제임스는 윌리엄 제임스가 유럽을 방문한다는 소식을 접한다. 재회한 형과의 잦은 다툼이 한동안 그를 괴롭힌다. 그 외에도 여러 가지 자잘한 문제들에 시달리는 가운데, 이번에는 아버지가 위독하다는 소식이 전해진다. 그는 서둘러 미국으로 향하지만, 이번에도 아버지의 임종을 지키는 데는 실패하고 만다.

연이어 어머니와 아버지를 잃은 헨리 제임스는 방황의 시기를 보내게 된다. 설상가상으로 다음 해인 1883년에는 가족처럼 가깝게 지내던 작가 투르게네프, 남동생 윌킨슨 제임스까지 저세상으로 떠나보낸 소설가가 슬픔에서 깨어나 일상으로 돌아오는 데는 꽤 긴 시간이 필요했다. 1884년, 겨우 마음을 추스르고 파리를 방문한 제임스는 예전 파리에서 지낼 때 플로베르의 문학 살롱 세나클을 통해 알게 된 알퐁스 도데, 에드몽 공쿠르, 에밀 졸라 등이 프랑스 문학의 새로운 얼굴들로서 전면에 등장했음을 발견한다. 헨리 제임스는 첫눈에 그들이 과거 세나클의 전성기와 비견되는 에너지를 지니고 있음을 간파한다. 거기에 기 드 모파상까지 더하면, 그것이 바로 자연주의Naturalism라는 악명 높은 사조의 등장이다. 자연주의 사조의 노골성과 적나라함은 제임스의 취향에 맞지 않았다. 하지만 그 사조가 악마적인 필치로 지금까지와는 전혀 다른, 미국이나 영국에는 등장한 바 없는, 문학의 가장 현대적인 영역을 발견하여 개척하고 있다는 사실까지 놓치지는 않았다. 제임스는 『카사마시마 공주』를 자연주의 기법을 적용하여 집필했고, 심지어 스스로를 자연주의자라고 칭하기도 했다. 하지만 그 책은 여러모로 제임스의 마음에 차지 않았다. 연이은 죽음, 형 윌리엄 제임스와의 마찰, 결정적으로 부모님이 돌아가신 뒤 영국에서 지내기 시작한 병약한 여동생 앨리스*를 보살피는 데 시간을 보내느라 제대로 집중할 여력이 없었던 탓도 있었으리라.

—

런던에 정착한 지 정확히 10년째 되던 해인 1886년, 헨리 제임스는 볼튼가의 정든 집을 떠나 켄싱턴 지역에 있는 드비어 가든 스트리트 34번지로 이사한다. 널찍하고 빛이 잘 드는, 한마디로 집다운 집이었다. 그는 한동안 집을 꾸미는 데 몰두한다. 스스로의 취향으로 꾸민 새집에 런던에서 지내면서 친해진 사람들을 초대하며, 비로소 자신이 런던에 뿌리를 내렸음을 느낀다. 이어 베니스로 여행을 떠난 그는 자신의 가장 인상적인 중편소설 가운데 하나인 『애스펀의 서편들*The Aspern Papers*』(1888)을 완성했다. 유럽에 완전히

* 앨리스 제임스Alice James(1848~1892): 헨리 제임스의 여동생. 사후에 일기 작가로 명성을 얻게 되는 앨리스는 1892년 세상을 떠날 때까지 여러 차례 심각한 신경 쇼크를 경험하는 등 평탄치 못한 삶을 살았다.

작가의 런던 보금자리
드비어 가든 스트리트 34번지와 지금의 모습. 1886년, 런던에 정착한 지 10년 되던 해에 헨리
제임스는 켄싱턴 지역의 드비어 가든 스트리트로 이사한다.

런던

적응했다고 느낀 그는 스스로가 엄격한 뉴잉글랜드의 전통에서 빠져나와 훨씬 편안하고 관대한 사람이 되었다 자화자찬하기도 한다. 이에 대해 전기작가 레온 에델은 아래와 같이 적는다.

> 제임스는 마침내 미국적 순진성을 벗어던졌다. 타락한 늙은 유럽으로 대표되는, 휘황찬란한 문명의 외관을 하고 있지만, 뒤로는 미국인들이 악으로 간주할 법한 온갖 것들을 감추고 있는 세계로 자신이 묘사했던 것이 사실은 그 화려한 외관 뒤에 자유의 삶 또한 감추고 있다는 것을 그는 깨달았다. (중략) 이것이 바로 제임스가 1875년 퀸시 거리를 떠난 후 발견한 것이다.
> — 레온 에델,『헨리 제임스의 생애』중

제임스는 변해 있었다. 오랜 유럽 생활, 연이은 가족의 죽음, 작가로서의 명성이 그를 변화시켰다. 그는 더 이상 불안과 흥분 속에서 뉴잉글랜드를 떠난 수줍은 남자가 아니었다. 이제 그에게 남은 일은 걸작을 쓰는 것이었다.

상류사회

소박한 삶을 추구한 소설가들이 있다. 미국 출신 소설가 가운데 특히 많다. 하퍼 리는 평생 인터뷰를 거부했으며 검소하게 살았다. 돈 드릴로나 커트 보니것도 유명세를 싫어했고, 토머스 핀천

이나 J. D. 샐린저의 경우 어디서 뭘 하고 있는지조차 알 수 없다. 데이비드 포스터 월리스는 작은 도시에서 학생들을 가르치는 삶을 마음에 들어 했다. 유명한 미국 출신 작가들의 인터뷰를 주욱 훑어보면, 내가 얼마나 소탈한 인간인가를 겨루는 장 같다는 느낌을 받을 때도 있다. 어쩌면 이렇게 소박한 삶을 찬미하는 미국적 문화가 시대적, 문화적 조류인 듯하고, 그것에 나 또한 알게 모르게 큰 영향을 받아 왔다. 소설가란 어디 변두리의 칙칙한 반지하 방에 처박혀서, 옆집에서 들려오는 부부싸움 소리 같은 것을 배경으로, 빈 컵라면 용기에 담뱃재를 털며 자판을 두드리는 그런 족속이어야 하는 것이 아니겠는가. 집 앞 냉면집 주인에게조차 자신이 위대한 소설가인 것을 비밀로 부친 채 말이다.

물론 과장된 묘사인 것을 부정하지 않겠다. 하지만 도인처럼 속세와 거리를 두고 달관한 제스처를 취하는 것이 이상적인 문필가의 태도로 간주되곤 한다는 것을 부정할 수는 없다. 하지만 도대체 왜 그래야 하는데? 나는 헨리 제임스의 삶과 문학을 탐구하면서 이 의문 앞에 자주 멈춰 섰다. 그리고 마침내 나 스스로가 생각보다 더 깊이 문학을 둘러싼 소시민적 신화에 젖어 있었다는 것을 깨달았다.

헨리 제임스에 대해서 알아 가면서 나는 번번이 그의 반소시민적 특성에 놀랐다. 이렇게 많은 면에서 소박함과 거리를 둔 미국 소설가는 처음 보았다. 심지어 그는 자신의 그런 반소시민적 성향을 평생에 걸쳐 키워 나갔다. 소박함과 끝끝내 멀어지며 여타 미국의 소설가들과 상반되는 자신만의 독특한 소설 세계를 개척해 나갔다.

그는 자신의 세속적 성향을, 현실적 성공을 향한 욕망을 숨기지 않았다. 한번은 런던에 온 한 무리의 미국인들이 런던 사교계에서 성공하고자 노력했으나 실패한 또 다른 런던에 사는 미국인들의 흉을 보는 것을 듣고는 몹시 불쾌해하며 이렇게 언급한 적도 있다. "사회적 지위는 야망의 목표로서 손색이 없다고 생각한다." 실제로 헨리 제임스는 파리의 사교계에 속하고자 노력했지만 실패한 뒤 그 도시를 떠났고, 런던에서 마침내 사교계 유명 인사가 되는 데 성공한 뒤 그에 대한 기쁨을 숨기지 않았다.

그의 사교계를 향한 야심과 동경은 단지 허영 때문만은 아니었다. 그는 그 좁디좁은, 화려한 장막으로 감추어진 세계에 속한 사람들에 근본적인 호기심이 있었다. 하여 플로베르가 『보바리 부인』을 통해 노르망디 지방 소부르주아들의 삶을 세밀하게 묘사했듯, 제임스는 신분제 시대의 최후, 사회적 피라미드의 최상층에 존재하는 사람들의 삶을 손에 잡힐 듯 정교하게 그려 낸다.

> "밀리한테는," 그녀가 엄밀한 톤으로 말했다. "사회적 가치에 대한 본능적 감각이 없어. 우리 둘 사이의 차이를 전혀 이해하지도 못할뿐더러, 누가 누구고 어떤 게 어떤 건지 전혀 몰라."
> "그렇군." 덴셔가 웃음을 터뜨렸다. "그게 그녀가 나를 좋아하는 이유로군."
> ― 헨리 제임스, 『비둘기의 날개』 중

런던 시내 골동품 가게의 미로같은 계단

현란한 미로처럼 치밀한 구성이 일품인『비둘기의 날개』에는 헨리 제임스 소설의 매력이 잘
드러나 있다.

빽빽한 묘사와 치밀하게 구성된 대화로 가득한 『비둘기의 날개』는 비슷한 시기에 연달아 나온 『대사들』, 『황금의 잔』에 비교해 봤을 때 유독 제임스적인 매력으로 가득 찬 작품이다. 엄청난 유산을 상속받았으나 시한부의 삶을 살아가는 밀리 틸, 아름답고 매력적이지만 부와 권력을 지닌 숙모 모드 로더의 뜻대로 살아야 하는 케이트 크로이, 겉보기에는 완벽한 영국 신사이지만 아무런 재산도 사회적 지위도 없는 머튼 덴셔. 소설은 이 셋을 둘러싼 비극적인 운명을 한 땀 한 땀 정교하게 직조해 내며 독자들을 질식할 듯한 영국 상류사회의 한가운데로 끌고 간다. 케이트는 연인 덴셔와의 사랑을 이루기 위해, 덴셔를 덫 삼아 밀리를 잡아 가두는 음모를 꾸민다. 밀리가 덴셔를 사랑하게 만들어 그녀가 막대한 유산을 가로챌 속셈이다. 처음에 덴셔는 케이트의 계략에 깔린 뜻을 이해하지 못한다. 완벽한 그녀가, 이미 그녀의 주위를 맴돌고 있는 완벽한 남자들, 예를 들어 마크 경 같은 사람을 두고 굳이 왜 개털인 자신을 택하겠는가? 덴셔의 의문에 대한 케이트의 답은 간단하다. 밀리는 마크 경과 머튼 덴셔의 차이를 분별할 눈이 없다.

신분제 사회인 영국에서 한 인간의 사회적 가치를 분별하는 것은 중요한 능력이다. 로더 부인의 사교 파티에 초대된 사람들은 겉보기에는 하나같이 근사한 개인들로 보인다. 하지만 그것은 표면적 이미지에 불과하다. 밀리는 그들이 복잡한 신분제의 미로 속에서 길을 잃지 않기 위해 엄청난 노력을 기울이는 것을 보지 못한다. 모두가 모두를 주목하고 있는 그곳에서는 사소한 손짓조차 만천하에 폭로되고, 단 한 번의 잘못된 단어 선택이 파멸을 불러올 수 있다. 하지만 그 살벌한 게임의 게스트에 불과한 밀리는 온통 설레는 마음뿐이라서 서커스장 한구석을 어정거리는 불쌍한 당나귀에게 마음을 빼앗기고 만 것이다. 그 어린 당나귀의 털이 유난히 반들거리고, 울음소리가 아주 귀엽다는 이유로 말이다. 하지만 아무리 귀엽고 예쁘다고 해도 당나귀는 당나귀다. 쇼가 끝나면 당나귀는 우리에 갇히고, 사람들은 집으로 돌아간다. 물론 다시 쇼가 시작되면 끌려 나올 것이다. 그게 언제든 말이다. 야심가인 로더 부인에게 머튼 덴셔는 바로 그런 존재다.

하지만 조카인 케이트 크로이는 다르다. 그녀는 지금 당장은 변변찮지만 훌륭한 결혼을 통해서 엄청난 성공을 이룰 가능성이 있다. 로더 부인은, 케이트를 잘 결혼시켜 손색없는 귀부인으로 만든 다음, 둘이 함께 사교계를 지배하려는 야망이 있다. 문제는 케이트 또한 숙모의 당나귀와 사랑에 빠져 버렸다는 것이다. 그것을 로더 부인은 진작에 눈치챘지만 대수롭지 않게 여긴다. 늦기 전에 케이트에게 이상적인 짝을 찾아 주면 된다고 생각한 것이다. 그것이 로더 부인의 계획이다. 그런데 예상치 못했던 존재인 밀리가 나타나고, 관계들 간의 끈이 살짝 느슨해진 순간, 케이트는 홀로 대담한 계획을 세운다.

"엄청난 자산을 소유한 천사." 케이트가 밀리를 칭하는 말이다. 그녀는 밀리가 돈이라는 커다란 날개를 펼쳐 자신과 덴셔를 구원해 줄 비둘기라 확신한다. 하지만 어떻게? 간단하다. 밀리에게 삶을 선사하면 된다. 귀여운 당나귀 머튼 덴셔라면 그것을 할 수 있

다. 케이트는 자신이 가장 사랑하는 존재를 판돈으로 걸고 일생일
대의 게임에 뛰어든다.

—

『비둘기의 날개』의 뉴욕판 서문에서 헨리 제임스는 이 책이 자
신의 가장 오래된, 다시 말해 가장 어린 (시절의) 테마로부터 시작
된다고 말한다. 무한한 가능성과 지나치게 짧은 시간 사이에 끼어
버린 눈부신 젊음. 자신에게 엄청난 가능성이 있음을 알지만 동시
에 자신에게 허락된 삶이 얼마 남지 않았음을 깨닫게 된 한 젊은
이가, 잔혹하게도 죽음의 한가운데에서 삶을 진정으로 사랑하게
된다. 그는 끝이 닥치기 전에 어떻게든 더 많은 삶을 맛보고, 자신
이 살아 있었다는 증거를, 그 삶의 흔적을 남기고자 한다. 이 멜로
드라마적인 테마는 제임스의 삶에서 온 것으로, 그는 다시금 잃어
버린 젊음의 뮤즈 미니 템플에게로 되돌아온다.

"내가 삶을 시작한 바로 그 순간에 그녀가 삶을 끝냈다는 생각
을 멈출 수가 없어." 그는 사촌인 미니 템플이 죽은 직후 형인 윌
리엄 제임스에게 쓴 편지에서 그렇게 말했다. 누구보다 빛나고 활
기차던 스물넷의 사촌이 갑작스레 세상을 떠난 사건은 제임스에
게 지울 수 없는 상처였다. 자신이 유럽에서 새로운 삶을 시작한
순간, 가장 아끼던 사람이 세상을 떠났다는 느낌에 그는 오랜 시
간 죄책감에 시달리기도 했다.

그렇게 제임스가 자신의 가장 오래된 슬픔을 더듬으며 『비둘기

의 날개』를 쓰기로 결심했을 때 또 다른 슬픔이 그를 덮쳐 왔다. 친한 친구이자, 동료 작가였던 페니모어 울슨이 자살한 것이다.

19세기에 재산도 지위도 남편도 없는 여자가 홀로 글을 쓰며 살아가는 것은 엄청난 모험이었다. 그는 고독한 페니에게 다정한 친구가 되어 주었지만, 그녀의 절망은 쉽게 해소될 수 있는 것이 아니었다. 인플루엔자에 걸려 고열에 시달리던 그녀는 쉰넷의 나이로, 머물던 베니스의 방에서 창문 너머로 뛰어내려 목숨을 끊었다. "베니스의 고독한 겨울이 주는 슬픔에서 그녀를 구원해 줄 것은 아무것도 없었다." 제임스는 페니의 장례식 날 친구에게 보낸 편지에서 그렇게 적었다.

헨리 제임스는 생애 내내 재능 있고 강한 여성들에게 매혹되었다. 그의 주위에는 빛나는, 매력 있고 재능 있는 여자들로 넘쳐났다. 하지만 대부분의 경우 그녀들은 절망적이고 비극적인 인생을 살아가야 했다. 전형적인 멜로드라마의 여주인공들, 제임스는 바로 그들에게 매혹되었다. 하지만 한편으로는 그들을 몹시 두려워하기도 했다. 강인했던 어머니의 모습에서 기원한 제임스의 여성들을 향한 양가감정은 평생 지속되었다. 그는 누구보다 그들을 애정했지만 한편 그들이 가진 에너지에 흡수되거나 혹은 파괴될까 봐 무서웠다. 그래서 결코 누구와도 완전히 마음을 열고 친밀해질 수가 없었으며, 그 결과 아이러니하게도 완벽한 신사로 남을 수 있었다.

그는 현실에서 멋진 여자들과 사랑에 빠지는 대신 문학을 통해 그들의 매력을 불멸의 것으로 만들었다. 여전히 여성에 대한 사회적 억압이 극심했던 19세기, 누구보다 빛나던 소녀들은 결코 자신의 날개를 활짝 펼쳐 보지 못한 채 불운한 삶을 살아야 했다. 시대적인 한계가, 사회적인 억압이, 개인적인 질병이 그들을 괴롭혔다. 제임스는 현실에서 그들을 지켜 줄 수는 없었지만, 대신 문장들 속에서 불멸의 존재로 만들어 주었다. 그리고 『비둘기의 날개』에서 그들은 가장 완벽한 모습으로 재탄생한다. 밀리 틸은 말 그대로 티 없이 완벽한 존재, 아메리칸 프린세스, 다시는 나오지 않을 "잠재적인 전全 세기의 상속녀"다. 하지만 모든 것을 가진 그녀에게는 단 한 가지, 미래가 없다. 그녀의 마지막 날들은, 순진한 꿈은, 유럽 대륙의 차가운 음모 앞에서 비극적으로 무너져 내린다.

—

꿈에 부풀어 런던에 온 밀리는 영국 상류사회의 복잡하게 짜인 사회적 규칙을 배우는 대신 그간 독서를 통해 접한 문학 속 런던을 현실에 펼쳐 놓는다. 그녀의 눈앞에 놓인 런던은 현실의 무정한 런던이 아닌 디킨스, 새커리*, 트롤럽**의 흥미로운 이야기들로 뒤덮인 거대한 테마파크다. 완벽한 매너의 영국 신사 덴셔, 아름답고 우아한 귀족 처녀 케이트는 밀리가 읽었던 소설에서 빠져나온 바로 그 환상의 존재들이다. 밀리의 절박함과 순진성을 간파한

---

* 윌리엄 메이크피스 새커리William Makepeace Thackeray(1811~1863): 19세기 영국의 소설가.
** 앤서니 트롤럽Anthony Trollope(1815~1882): 영국의 소설가.

케이트는 머튼 덴셔를 통해 밀리가 원하는 삶-환상을 주고, 그 대가로 자신들의 사랑을 이룰 조건-돈을 얻는 거래를 계획한다. 어쩌면 케이트는 그것을 공평한 게임이라 여겼을지도 모른다. 그녀가 간과한 것은 밀리의 삶에 대한 욕망의 깊이와 크기였다.

정점에 닿은 삶에 대한 애착 속에서, 밀리는 이탈리아로 향한다. 그녀는 베로네제의 그림을 떠올리게 하는 베니스의 아름다운 맨션에 머물며, 케이트가 꾸몄고 덴셔가 행하는 음모 속으로 깊이 빠져든다. 꿈처럼 환상적인 날들이 허물어지고 마침내 차가운 진실이 드러난다. 밀리는 케이트의 음모를 알게 되고 비탄에 빠져 생에 대한 의지를 잃는다. "그녀는 벽을 향해 고개를 돌렸다." 끝내 케이트의 계획은 성공한다. 죽어 가는 밀리는 사랑하는 머튼 덴셔에게 막대한 유산을 남긴다. 게임은 케이트의 완벽한 승리로 끝난 듯 보인다. 하지만 정말 그러한가?

밀리의 마지막 결정 앞에서 덴셔는 혼란에 빠진다. 혼란 속에서 그는 자신 또한 밀리를 사랑했음을 깨닫는다. 그 사실로부터 그는 고개를 돌리지 못한다. 그리하여 영영 혼자 남게 된 가엾은 케이트, 게임에서 이겼지만 게임의 목적을 잃어버린 케이트가 말한다. "그녀가 원한 것은 진실이 아니었어. 바로 당신이야." 그렇다. 밀리는 덴셔를 얻었다. 죽은 밀리가, 산 머튼 덴셔를 집어삼켰다. 덴셔 또한 더 이상 진실을 원하지 않는다. 그는 밀리가 죽기 직전 자신에게 보낸 편지를 뜯지도 않은 채 케이트에게 건넨다. 결과적으로 밀리의 마지막 말들을 목격한 것은 케이트다. 그녀는 편지를 타오르는 벽난로 속으로 던져 넣는다. 진실은 더 이상 없다. 밀리도 더

베니스 풍경

밀리가 향한 물의 도시 베니스. 그녀는 이곳에서 꿈처럼 환상적인 날들을 보내지만 결국 차
가운 진실에 허물어지고 만다.

이상 여기 없다. 남은 것은 밀리의 유령에 사로잡힌 산 자들이다. 그들은 이제 전과 완전히 다른 세계를 살아가게 될 것이다. 케이트가 절규한다. "우리는 절대 예전으로 돌아갈 수 없을 거야!"

—

어느 유월의 오후, 구름이 모두 걷힌 푸른 수국 빛깔의 하늘 아래 랭커스터 게이트. 『비둘기의 날개』 속 케이트 크로이와 머튼 덴셔가 수수께끼 같은 대화를 나누며 음모를 만들어 가던 베이스워터 스트리트가 지척에 있다. 길 건너에는 거대한 야자수와 늘씬한 CCTV가 공존하는 인적 없는 부촌이 보인다. 데이비드 호크니의 그림을 연상케 하는 그 불길한 동화 속 풍경 한가운데로 걸어 들어가 보자. 굳게 닫힌 문들 속, 그 안은 얼마나 화려할까? 과연 무슨 일이 벌어지고 있을까? 닫힌 문들을 노려보지만 아무 소용 없다. 이 침묵의 거리는 나에게 아무런 상상도 허용하지 않기로 굳게 맹세한 듯하다. 진공상태의 새하얀 골목에서 나는 승복하듯 조용히 빠져나온다. 전혀 아무것도 훔쳐볼 게 없다는 듯, 전혀 아무런 나쁜 짓도 안 하기로 맹세한 듯한 표정을 얼굴에 선크림처럼 두텁게 얹고. 어, 나는 이목을 끌고 싶지 않다. 침입자로도, 작가로 보이고 싶지 않다. 호기심과도, 문학과도 아무 상관없어 보이고 싶다. 어떤 헛된 꿈도, 아무런 횡재도 원치 않는다는 듯, 어설프게 가장한다. 유서 깊은 비밀의 도시 런던은 나에게 끝끝내 맨얼굴을 드러내지 않을 작정이다. 혹은, 헨리 제임스가 칭송했던 거대한 괴물은 수면제가 약속하는 깊은 잠에 빠져 있는 듯하다. 테크놀로지가 그 잠을 보호한다. 사방이 평화롭다. 야자수의 짙은 초록색 잎사귀가 바람에 흔들린다. 문득, 이상한 꿈속으로 빠져드는 기분이다. 멀리서 아름다운 케이트 크로이가 천천히, 나를 향해 다가오는 것이 보인다. 더없이 근사한 미소를 지은 채. 비웃듯, 한껏 다정하게, 입술 끝 위태로이 매달린 그 미소에서 나는 시선을 떼지 못한다.

랭커스터 게이트

『비둘기의 날개』속 케이트 크로이와 머튼 댄셔가 수수께끼 같은 대화를 나누며 음모를 만들어가던 베이스워터 스트리트가 지척에 있다.

04

HENRY JAMES

라이

램 하우스

영국 본토인 그레이트브리튼 섬의 동남쪽 끝, 서식스 지방에 자리 잡고 있는 작은 마을 라이는 로더 강, 틸링엄 강, 그리고 브레드 강에 삼면이 둘러싸여 있다. 세 강이 영국 해협을 향해 합류하는 지점에 위치한 이 작은 마을은 12세기까지 거슬러 올라가는 오랜 역사가 말해 주듯, 동화 같은 중세의 모습을 잘 간직하고 있다.

18세기 수차례 라이의 시장을 지냈던 제임스 램은 장인 소유의 땅이었던 라이 중심가 구역의 건물을 사들여 재건축했다. 영국의 국왕 조지 1세가 라이를 방문했을 때 그는 제임스 램이 재건축한 바로 그 건물에서 머물렀다. 램 가족의 소유라 해서 램 하우스라 불리던 그 집은 19세기 중반 지역의 은행가에게 팔리게 된다.

시간이 흘러 라이를 방문하게 된 헨리 제임스는 램 하우스에서 머물게 된다. 그는 그 집과 동네가 마음에 들었다. 작고 오래된 영국 소도시의 중심가에 있는 담쟁이넝쿨에 덮인 붉은 벽돌집이라니 근사하지 않은가. 그 집에 대해서 친구와 이야기를 나눈 지 얼마 되지 않아 우연찮게도 램 하우스의 주인이 세상을 떠났으며, 상속자인 아들 또한 더 이상 그 집에서 살지 않는다는 것을, 하여 장기 거주자를 구하고 있다는 소식을 듣게 된다. 헨리 제임스는 1897년 램 하우스의 임대 계약을 맺는다.

—

아직은 서늘함이 남아 있는 초여름의 이른 아침, 라이로 가기 위해 런던의 빅토리아 역으로 향했다. 변덕스러운 날씨의 아침이었다. 세 시간 남짓, 라이로 향하는 동안 차창 너머 펼쳐진 하늘의 빛깔은 뭔가에 쫓기듯 변화를 거듭했고, 도착한 라이의 하늘은 쾌청함과 어둑어둑함이 뒤섞여 난잡스러운 분위기였다. 그런데 신기하게도 그 난잡스러움이 그림같이 작고 예쁜 마을과 잘 어울렸다.

라이의 중심가를 관통하는 하이 스트리트는 관광객들로 붐비고 있었다. 마을 가장 꼭대기에 있는 세인트메리 교회까지는 가파른 경사로로 이어져 있는데, 그 길을 따라서 10분 남짓 걷다 보면 더욱 가파르고 비좁은 웨스트 스트리트가 나온다. 그 길 초입의 오른편에 붉은 벽돌로 된 2층집이 있는데 그게 바로 램 하우스다. 입구 옆에는 헨리 제임스가 살았음을 알리는 석판이 붙어 있다. 조지왕조 양식으로 된 입구를 따라 집으로 들어서면, 정면에 앉은 인심 좋아 보이는 노인이 인사를 건넨다. 입장료를 지불하고 램

램하우스

램하우스는 붉은 벽돌의 2층집이었다.

램하우스의 모닝룸
모닝룸은 정원으로 이어져 있다.

하우스에 대한 간략한 설명을 듣는다. 그녀가 내민 안내책자를 받아들고, 서로의 손을 꼭 쥔 채 걷는 노부부를 따라 입구 왼편의 방으로 향하면 정원으로 이어진 모닝룸이 나타난다. 정면에 보이는 프랜치 윈도는 헨리 제임스의 친구인 건축가 에드워드 워런이 설계한 것이다. 프랜치 윈도의 오른쪽에는 벽난로가, 왼쪽에는 제임스의 석상이 놓여 있다. 웨스트 스트리트 쪽으로 난 창문으로는 세인트메리 성당이 내다보인다. 다시 복도로 나가 반대편으로 향하면 헨리 제임스의 친필 원고가 전시되어 있는 방이 나온다. 햇살을 받아 은은한 황톳빛을 띠고 있는 그 방은 관람객들로 가득하다. 모두가 천천히 조용히 움직인다. 그 사이로 여기저기 카메라를 들이미는 개념 없는 젊은이, 나를 제외하면 말이다.

제임스가 라이로 이주한 것은 1898년 6월이다. 그는 열정적으로 집과 정원을 꾸몄다. 친분이 있는 귀족 부인을 통해서 조지왕조 시기 만들어진 마호가니 장식품들을 사들였다. 벽에는 번존스*의 그림과, 플로베르의 초상화, 『데이지 밀러』에 수록된 일러스트를 걸어 놓았다.

소설가는 램 하우스의 정원을 특히 아꼈다. 그 가운데에서도 그가 처음 그 집을 방문했을 때부터 있던 커다란 뽕나무와 탐스러운 복숭아나무를 좋아했는데 자신이 미국에서 보낸 유년 시절을 떠

---

* 에드워드 콜리 번존스Edward Coley Burne-Jones(1833~1898): 19세기 영국의 화가로 라파엘전파에 속했다.

램하우스의 정원

헨리 제임스는 램하우스의 정원을 아꼈다.

HENRY JAMES 04

라이

오르게 하였기 때문이다.

그가 지냈던 나날들로부터 한 세기가 훌쩍 지났지만 램 하우스의 정원은 여전히 근사했다. 집을 둘러싼 붉은 벽돌담을 짙은 초록빛 잎사귀들이 뒤덮고 있는 가운데 그 주변으로 보라, 노랑, 분홍의 꽃들이 흐드러지게 피어나 있었다. 한편에 단정하게 놓인 벤치 주위에는 핏빛 장미들이 탐스러운 꽃봉오리를 터뜨리고 있었다. 그러나 무엇보다 시선을 끄는 것은 정원 한가운데에 놓인 작은 인공 연못과 그것을 둘러싼 색색의 꽃나무들이었다. 한껏 물기를 머금은 꽃들의 색채는 워터하우스*의 그림 속 습기 가득한 호숫가 풍경을 연상케 했다. 완벽하게 영국적인 장면. 정원을 수놓은 빨강과 보라와 노랑과 분홍의 독특한 습기, 물기를 한껏 머금은 축축한 색채의, 그리고 그 모든 것을 굽어보는, 역시 잔뜩 물을 머금은 듯 무겁게 걸려 있는 하늘과 구름은 그야말로 온전히 영국의 것이다.

인공 연못을 지나 정원의 한편으로 향하면 수풀에 뒤덮여 깊은 그늘에 잠겨 있는 산책로가 나타난다. 깨어진 석상과 석판, 기울어진 벽돌굴뚝 따위가 여기저기 뒹굴고 있다. 다시 산책로를 빠져나오면 하늘을 덮은 구름은 여전히 회청색으로 우아하게 흐트러져 있고, 그 아래 선 반대로 아주 단정한 붉은 벽돌의 집 램 하우스는 살짝 음침해 보이는 것이 어쩐지 팀 버튼의 영화 〈비틀쥬스〉가

---

* 존 윌리엄 워터하우스John William Waterhouse(1849~1917): 19세기 영국의 화가. 번존스에 비견된다.

떠오르는…… 아니 그러기엔 지나치게 단정한가?

여전히 관람객들로 붐비는 램 하우스를 벗어나 언덕 꼭대기에 오르면 세인트메리 교회가, 이어 공동묘지가 나타난다. 때마침 정오를 알리는 교회의 종소리가 울려 퍼진다. 헨리 제임스가 살아 있던 시절에도, 바로 이 종소리를 들으며 비서를 향해 소설을 낭독했을 테고, 종소리의 숫자를 세며 시간을 가늠했을 것이다. 종소리에 의지해 살아가는 오래된 마을의 일상은 언제나 소음으로 가득한 도시의 소설가 제임스에게 흔치 않은 안정과 평화를 제공했다.

제임스가 램 하우스에 살게 된 지 얼마 되지 않아 집주인이 세상을 떠났다. 제임스는 이참에 아예 집을 사들이기로 결심한다. 태어나 처음으로 가져 보는 집이었다.

—

헨리 제임스의 후기 걸작 3부작 『황금의 잔』, 『대사들』, 『비둘기의 날개』는 그가 이곳 램 하우스에서 지내던 시절에 쓰였다. 천상 도시 사람인 그가 중세풍 시골 마을의 심심함을 견디며 완성해 낸 결과물들이다.

그가 런던을 떠나는 극단적인 선택을 하게 된 것에는 수년에 걸친 연극에 대한 도전의 완전한 실패와 그간 이룬 사회적 성공에 대한 허무함도 컸다. "성공은 근사한 저녁식사만큼이나 평범했다. 그걸 먹었지라는 것 외에 딱히 말할 만한 것은 없었다." 이렇게, 그는 자신이 이룬 성공에 대해서 시니컬하게 정의 내린 적도 있

정원에 만발한 꽃
한껏 물기를 머금은 꽃들의 색채는
워터하우스의 그림을 떠오르게 한다.

다. 하지만 그 흔해 빠진 근사한 저녁식사를 연극을 통해서는 도저히 얻을 수가 없었다.

천신만고 끝에 완성한 마지막 희곡 「가이 돔빌Guy Domville」은 공연 첫날 밤 친구들을 제외하면 단 두 명의 유료 관객만이 찾아왔고 그들마저 야유를 던졌다. 그는 자신의 실패를 인정하고, 영원히 연극계를 떠났다.

하지만 그 실패를 통해 제임스는 새로운 차원의 소설 쓰기를 시작할 수 있었다. 연극을 통해서 실현하고자 했던, 그의 실패한 연극적 비전이었던 우아한 대화로 가득한 차갑고 냉혹한 장면들은 그의 후기 소설 속에서 완벽하게 실현되었다. 그가 꿈꾼 완벽한 장면들은 애초에 현실의 연극 무대에서 실현되는 것이 불가능했던 것인지도 모른다. 그는 자신의 무기인 상상력과 문장력을 통해서 자신만의 완벽한 극-소설을 직조하기 시작했다. 그를 끈질기게 방해했던 연출가도, 배우도, 공간적 한계도 존재하지 않는 세계 속에서 헨리 제임스는 마침내 자신만의 독특한 소설 세계를 창조해 냈다.

실제로 그의 후기 3부작에서는 공통적으로 특유의 연극적인 분위기를 느낄 수 있다. 그 분위기는 소설 속 장면들을 실감 나면서 동시에 비현실적으로 만든다. 그 묘한 질감의 실체는 작가의 심리적인 리얼리티로서 독자는 헨리 제임스의 정신이라는 무대 위에 세워진, 그가 만들어 낸 피조물들을, 그가 광적인 상상력을 통해 빚어 낸 극도로 인공적인 세계를 실재하는 맹수의 털을 쓰다듬듯 섬뜩한 촉감의 형태로서 느낄 수가 있다. 누군가의 상상을 그렇게

밀착해서 느낀다는 것이 가능한가? 헨리 제임스는 그 불가능해 보이는 비전을 가능케 하는 방식을 찾아냈다. 한 인간의 내면에 현미경을 단 듯한 제임스 특유의 극단적 생생함은 발자크의 리얼리즘이나 에밀 졸라의 자연주의와도 다르다. 감각적 리얼리즘이라 칭할 수 있을 제임스의 소설 쓰기 방식은 서문에도 적었지만 이후 영어권에서 쓰이게 되는 극도로 정제되고 복잡한 모더니스트 심리소설들의 시작이었다.

한편, 현실의 제임스는 램 하우스에 살고 얼마 되지 않아 소박한 시골 생활에 염증을 느끼기 시작했다. 그는 자주 런던으로 향했고, 또 계속해서 프랑스로, 스위스로, 이탈리아로 떠돌았다. 하지만 꽤 많은 시간을 모두가 모두를 아는 이 작은 마을, 교회의 종소리 외에는 시끄러울 게 하나도 없는, 좁고 한적하고 고립된 마을의 한구석에서 소설을 쓰고, 고치고, 다음 소설을 생각하며 시간을 보냈다. 매일 산책을 했고, 틈틈이 자전거도 탔다. 쓸쓸했으나 그만큼 값진 생산의 시간이었다.

한 인간의 일생을 가만히 들여다보면, 가장 중요한 일들은 어떤 조건들이 우연히 다 맞아떨어지는 짧은 시기에 몰아서 일어나는 경우가 많다. 헨리 제임스에게는 램 하우스에서의 몇 년이 바로 그 시기였다. 그곳에서 지내면서 헨리 제임스는 오랫동안 길러 왔던 수염을 밀어 버린다. 지금 우리에게 익숙한 소설가의 섬세해 보이는 동그란 얼굴은 이때 이후의 것이다. 그동안 수염에 빽빽하게 덮여 있던 그의 얼굴은 멋있기는 하지만 한편 누군가를 흉내 내는 듯한 약간의 어색함이 묻어 있었다. 타고난 조심스러움으로

존 싱어 사전트가 그린 헨리 제임스의 초상화

원본은 런던의 국립 초상화 미술관에 소장되어 있다.

인해 극도로 섬세한 감성을 무성한 덤불 속에 숨겨 놓았던 것일까? 하지만 대가의 길로 들어선 그에게 더 이상의 위장은 필요하지 않았다. 마침내 모습을 드러낸 둥근 턱선과 목덜미는 날카로운 눈과 대조를 이루며 소설가의 사려 깊고 복잡한 내면을 암시하는 듯하다. 인생의 황혼기에 이르러 소설가는 마침내 자신의 얼굴을 찾았다.

—

작은 마을인 라이를 한 바퀴 둘러보는 데는 많은 시간이 필요하지 않았다. 다시 마을의 중심가로 돌아 나온 나는 허기를 느끼곤 별생각 없이 눈에 띈 식당 겸 티룸으로 들어갔다. 문을 열고, 삐걱대는 나무계단에 발을 디딘 순간 뭔가 잘못된 짓을 저질렀다는 것을 깨달았다. 눈앞에 펼쳐진 광경은 시간을 거꾸로 돌려 헨리 제임스가 살아 있을 법한 시절의 바로 그 영국이었다. 두 번의 전쟁이 세상을 바꾸어 놓기 전, 20세기라는 말이 아직은 소문에 불과하던 그때, 죽지 않고 살아남은 뱀파이어들의 은밀한 만찬이 거기 펼쳐져 있었다. 여전히 그때의 삶을 고집하며, 자신들만의 평화와 안락을 누리고 있는 자들, 그들만의 기이하고 환상적인, 햇살이 닿으면 그대로 바스러져 흩어져 버릴 위태롭도록 은밀한 세계의 입구를 나는 무례하게도 활짝 열어젖히고 만 것이다. 그림같이 멋진 노신사들, 은판사진 속 19세기의 귀족들 같은 괴짜 유령들, 케케묵은 귀신들의 무리가 예상치 못한 침입자에 경악한다. 나 또한 경악한다. 스스로 완벽하게 몰상식한 야만인이 되어 버린 듯한 느낌. 그대 극동에서 온 침입자여, 버마산産 아편 상인, 두터운 명주 양말 속 작은 발을 숨긴 요정이여……. 그들이 토머스 드 퀸시* 풍의 이국적인 상상에 취해 아무렇게나 나의 이름을 지어 붙이는 사이, 그들의 상상 속 도깨비가 되기에는 여러모로 부족한 나의 존재가 약간 미안하게 느껴지기도 한다. 반질반질한 마호가니 탁자 위 놓인 크리스털 술잔과 흐트러진 찻주전자들이 탐이 나지만 그것들은 나의 손이 닿지 못할 박제된 시간의 편에 속해 있는 듯하다. 건너편 거울에 비친 축축한 구름들이 빠르게 흩어지는 것이 보인다. 그에 맞춰 힘없이 사그라드는 햇살 속, 나라는 변방의 이교도는 환영의 경계에 선 채 어찌할 바를 모른다. 어색하게 서성이는 사이 문득, 반대편 창에 낯설지 않은 푸른빛의 얼굴이 떠올라 있는 것을 나는 놓치지 않았다. "피터 퀸트, 이 악마!Peter Quint—you devil!"**

나사의 회전

라이에 정착한 헨리 제임스는 1898년 『나사의 회전The Turn of the Screw』이라는 제목의 단편소설을 발표한다. 초짜 가정교사인 주인

---

* 토머스 드 퀸시Thomas De Quincey(1785~1859): 영국의 에세이스트. 『어느 영국인 아편쟁이의 고백』으로 유명하다.
** 헨리 제임스, 『나사의 회전』 중.

공 '나'가 작은 마을 블라이의 대저택에서 겪은 미스터리한 사건을 묘사한 소설이다. 일인칭시점 소설의 가능성을 극한까지 밀어붙인 작품으로 50대의 제임스가 소설적 테크닉에 있어 완숙기에 들어섰음을 보여 준다. 주제 면에서는 미국과 유럽 사이의 문화충돌을 다룬 '인터내셔널 테마', 즉 거대한 세계에 관한 탐구를 잠시 접어두고, 빅토리아 시대 영국을 배경으로 하여 인간의 내밀한 심리를—아주 작은 것을—파고들기 시작한 때이기도 하다. 이 시기 헨리 제임스의 대표작으로는 골동품을 둘러싼 어머니와 아들의 심리적 갈등을 다룬 『포인턴가의 전리품 The Spoils of Poynton』, 어린 소녀를 화자로 앞세워 어른들 세계의 혼란을 가감 없이 파헤친 『메이지가 아는 것 What Maisie Knew』, 사교계의 은밀한 내부, 인물들 간의 권력 투쟁을 뱀파이어들의 파티처럼 독특하게 형상화해 낸 『신성한 샘물 The Sacred Fount』 등이 있다.

빈의 프로이트가 억압적인 부르주아 가정을 관찰하여 히스테리와 신경증, 꿈과 무의식에 관한 독창적인 이론을 완성시켜 나가고 있던 바로 그때, 헨리 제임스는 영미권 상류층 삶을 배경으로 개인들의 억압된 욕망들—언어화할 수 없는 것들을 포착하려는 지극히 현대적인 실험에 돌입한 것이다.

말할 수 없는 것을 어떻게 말하는가? 그 형용모순의 작업을 위해서 근대 유럽인들은 여러 가지 개념들을 착안하고 그 추상적 세계 속으로 집요하게 파고들었다. 의식과 무의식, 기표와 기의, 상징계와 상상계, 실재와 리얼리티…… 이 모든 것은 볼 수도 만질수도, 무엇보다 절대 말할 수 없는 그 '어떤 것'에 대한 복잡하고 난해한 주석에 다름 아니다.

왜 말할 수 없는가? 아니, 왜 어떤 것은 말해질 수 없는가? 왜 어떤 것은 발화가 금지되며, 그래서 커다란 호수를 빙 둘러 가듯이 그 어떤 것의 주위를 빙 돌아갈 수밖에 없는가? 어떤 것들은 분명히 거기 있다. 싫고 불편해도, 있는 것은 있는 것이다. 가리킴이 금지된다고 해서 있는 것이 사라지는 것은 아니다. 하지만 더욱 촘촘해져 가는 사회적 질서와 규범은 존재하는 어떤 것들에 대해서 언급하려는 시도를 막는다. 인간들은, 특히나 잘 교육받은 번듯한 인간이라면 그 규칙을 지키기 위해 눈물겹도록 노력한다. 문제는 존재는 윤리에 선행한다는 것이다. 존재를 금지할 수는 없다. 분명히 존재하지만, 사회적으로 금기시된 것들, 말할 수 없지만 분명 거기 존재하는 그것들을 둘러싼 인간적 욕망을 대체 어떻게 해야 하는가?

—

분명히 보이고, 느껴지는데, 도무지 정체를 파악할 수 없는 것을 향한 응시와 외침, 『나사의 회전』이라는 기이한 이야기를 요약해 보자면 이렇다. 주인공의 눈에 비치는 것, 주인공이 외치는 문장들 외에는 아무런 단서가 없는데 주인공이 제대로 알고 있는 것도 하나 없다. 그녀는 자신을 고용한 고용주에 대해서 엄청나게 매력적이라는 인상 외에 아는 바가 없다. 그 매력적인 남자가 여자를 고용한 조건은 단 하나, 자신을 귀찮게 하지 않는 것이다. 주인공 화자는 오직 그 목적을 위해서, 고용주의 조카 오누이의 가정교사로서 시골 마을 블라이에 오게 된다. 그녀는 부모를 잃은 오누이 플로라와 마일스, 두 아이에 대해서도 아는 것이 없다. 아무것도 모르는 그녀에게 두 아이는 그저 천사같이 천진해 보일 뿐이다. 그녀는 자꾸만 자신의 앞에 모습을 드러내는 유령들에 대해서도 아는 바가 없다. 마일스가 왜 학교에서 쫓겨났는지, 전에 있던 가정교사는 어떻게 되었는지, 플로라가 왜 늦은 밤 모자도 쓰지 않고 밖에 나갔는지 그녀는 모른다. 유령의 등장은 계속되고, 아이들은 수상한 행동을 하기 시작한다. 혼란에 빠진 주인공에게 가정부 그로스 부인 또한 별다른 도움이 되지 않는다. 그녀가 믿을 것은 오직 자신뿐이다. 천사 같은 아이들에 대한 책임감이 무겁다. 아이들을 보호해야 한다.

"우리는 진정으로 함께 고립되었습니다. 그리고 위험 속에서 하나가 되었지요. 그들에게는 저 외에는 아무도 없었고, 그리고 그들은 네, 저의 소유였습니다. 한마디로 기막힌 기회였어요. 이 기회는 저에게 몹시도 실제적인 이미지로서 제시되었습니다. 저는 그 아이들의 앞에 선 장막이었습니다. 제가 더 많이 볼수록, 그들은 더 적게 보게 되겠죠. 저는 목을 조여 오는 긴장감 속에서, 그것은 위장된 흥분이기도 했겠죠, 아이들을 지켜보기 시작했습니다. 그 상황이 길게 지속되었다면 광기 같은 것으로 바뀔 수도 있었을 겁니다. 돌아보면, 그때 저를 구제한 것은, 그 상황이 완전히 다른 것으로 탈바꿈한 것입니다. 식은땀 나는 긴장감이 참혹한 증거들로 대체되었습니다. 맞아요, 증거요. 바로 그때부터 저는 진정으로 문제의 핵심에 다가서게 된 것입니다."

— 헨리 제임스, 『나사의 회전』 중

끔찍한 증거가 그녀를 구원했다. 그녀의 임무가 명확해진 것이다. 나쁜 유령들이 아이들을 홀리려고 하고 있다. 하지만 과연 그 증거라는 것이 믿을 만한 것인가? 유령은 정말로 있는 걸까? 주인공은 그냥 미쳐 버린 것이 아닌가? 그녀의 확신이 강해질수록, 서술 속 광기의 색채가 짙어지고, 독자들은 의혹 속으로 빠져든다. 그 의혹은 끝내 해소되지 못한다. 이야기는 주인공의 목소리에서 시작되고 끝나기 때문이다. 우리는 그녀의 생각 바깥에 도달할 수 없다. 그녀가 눈을 더 크게 뜰수록, 더 목소리를 높일수록, '생생함'이 더 실감 날수록, 독자는 자신이 오직 그녀에게 의지하여 나아가고 있다는 것을 강하게 느끼게 된다. "우리는 진정 함께 고립"된 것이다.

유일한 나침판인 화자를 독자는 신뢰할 수 없다. 화자의 목소리가 더 생생해질수록, 그녀(화자)와 나(독자) 사이에 아무것도 없다는 사실이 어느 순간 공포로 탈바꿈한다.

"우리 착한 아이 마일스야, 난 너를 돕고 싶을 뿐이야. 내 진심은 그것뿐이란다. 너에게 안 좋은 짓을 벌이거나 아프게 하느니 차라리 죽어 버릴 거라고. 네 머리카락 하나라도 다치게 하느니 목을 매 죽어 버릴 거야. 우리 착한 마일스." 아아, 그 순간 저는 너무 멀리 나아가는 위험을 무릅쓰고 그 말을 꺼내고 말았습니다.

"마일스, 날 도와줘. 내가 널 구원할 수 있게!"

— 헨리 제임스, 『나사의 회전』 중

통제광의 시각

슬라보예 지젝은 헨리 제임스의 『나사의 회전』에 대해 이렇게 평한다.

> 어쩌면 진정한 악은 넓은 세계 속에서 오직 악만을 발견하는 순수한 응시다. 그런 의미에서 헨리 제임스가 쓴 『나사의 회전』 속 진정한 악은 물론 화자(젊은 가정교사) 자신의 응시다.
>
> — 슬라보예 지젝, 『이데올로기의 숭고한 대상』 중

『나사의 회전』에서 파국은 결국 주인공에게서 비롯된다. 아이들의 순수함에 대한 그녀의 과도한 칭송은, 보이지 않는 악에 대한 그녀의 지나친 적의와 등가를 이룬다. 그녀의 굳은 사명감은 유령에 대한 그녀의 공포와 불가분의 관계다. 다시 말해 그녀의 세계에서 선과 악은, 절대적인 개념이 아니다. 오히려 상대적인, 서로를 응시하는 두 개의 동일한 거울에 다름 아니다.

"신성하다고요?" 그로스 부인이 혼란 속에서 되물었습니다.

"아니면 극악하다고 하죠!" 저는 거의 들뜬 듯 응답했습니다.

— 헨리 제임스, 『나사의 회전』 중

거울이 서로를 비추며 이미지를 증폭하듯, 주인공의 응시 너머의 상상은 현실의 필터를 거쳐 쪼그라들거나 부풀어 오른다. 따라서 시선이 사라지면 모든 것이 사라진다. 유령조차! 극장의 불이 꺼지면, 모든 것이 사라지듯 말이다. 제임스의 소설 속 시점(응시)이 문제적이 되는 것은 이 지점이다. 자기 안에 갇힌 동시에 타인의 순전한 반영에 불과한, 과잉되고 증폭된 동시에 거울처럼 얄팍한 이 반영적인 인간형은 포스트모던 사조가 한바탕 휩쓸고 간 지금 시대에 전혀 낯설지가 않다. 19세기 말에 제임스는 이런 인간형의 출현을 이미 예견하고 있었다. 그런데 여기에는 제임스의 글쓰기가 가진 근본적인 함정이 도사리고 있다. 그의 소설은 거울의 표면처럼 매끄럽고 유려한 동시에 지나치게 과잉되어 있다. 엄청나게 복잡한 문장과 난해한 표현들, 독자들을 견딜 수 없게 만드는 이 밀도는 어디에서 비롯되는 것일까?

조지 엘리엇은 제임스보다 약간 앞선 세대의 작가로, 빅토리아 시대의 대표적인 소설가 중 한 명이다. '지방생활 연구'라는 부제가 붙어 있는 그녀의 대표작 『미들마치Middlemarch』(1874)는 800페이지가 넘는 분량을 통해 미들마치 주민들의 삶을 세밀하게 그려낸다. 하나의 책에 하나의 마을을 통째로 담아내겠다는 것이 그녀의 야심이다. 흥미로운 것은 소설의 결말에 이르러 거대한 초신성이 스스로의 무게를 이기지 못하고 붕괴에 이르듯이, 거대하게 부풀어 오른 이야기 내부에 균열이 일기 시작한다는 것이다. 계절의 변화와 같은 느리고 거대한 움직임을 알레고리 삼아 수십 년에 이르는 마을 사람들의 인생 여정을 담아내려는 그녀의 의도는 불가능한 야심이다. 인간들의 삶을 어떻게 한 권의 책에 담아낼 수 있단 말인가? 등장인물들의 삶은 계속된다. 대체 어디에서 멈춰 서야 하는가.

삶 그 자체를 오롯이 책에 담아내겠다는 집념, 그것은 통제광의 것이다. 평소 흠모하던 조지 엘리엇에게서 이 통제광의 특성을 물려받은 것일까? 헨리 제임스의 문학적 독창성은, 이런 통제광적 면모 자체를 무대의 중심에 올려놓은 것이다. 통제광은 무엇보다도 도덕적인 존재다. 그는 통제를 선이라고 믿는다. 따라서 통제광은 선하다. 그는 언제나 선을 행하고, 그 선에 속하지 않는 존재를 단죄한다. 통제를 벗어난 세계를 통제광은 견디지 못한다. 그런데 통제광이 이렇게 통제에 집착하게 된 이유는 무엇인가? 왜냐하면 모든 것을 자신이 스스로 판단하고 결정해야 하기 때문이다. 왜냐하면 그의 주인이 무능하기 때문이다.

『나사의 회전』의 초반에 잠깐 등장하는 주인공의 고용인은 잘생겼고, 부자이며, 젊고, 한마디로 완벽한 존재로서 묘사된다. 하지만 가만히 살펴보면 일체의 책무를 회피하는 무책임한 인간에 다름 아니다. 그는 자신의 조카들을 방치하고 있다. 한편, 가정교사인 주인공은 고용인의 책무를 억지로 떠맡은 존재이다. 궁지에 몰린 주인공은 문제를 해결하기 위해 고심하다가 고용인에게 편지를 보내려고 한다. 하지만 끝끝내 그녀가 봉투에 담은 것은 백

지다. 그녀는 고용인이 아무것도 하지 않으리라는 것을 이미 알고 있는 것이다.

—

전통적인 해석에 따르면 『나사의 회전』 속 화자의 광기는 여성의 억압된 성적 욕망에서 비롯된 히스테리아다. 그럴 법하다. 빅토리아 사회는 성적 억압으로 유명하며, 이 짧은 소설은 완벽하게 빅토리아적이니까. 하지만 한편으로 지나치게 쉽고 단순한 해석이다. 압도적인 외부(이해 불가, 소통 불가의 절대적 존재로서의 고용주)와 가정교사로서 자기 위치의 불안정성이 그녀의 자연적 특성(여성)의 위기(히스테리아)라는 형태로 나타났다고 보는 편이 좀 더 섬세한 해석이지 않을까?

주인공은 무력하다. 여자이며, 가난하고, 신분이 높지 않다. 그것은 그녀가 힘을 가진 존재가 될 수 없다는 뜻이다. 하지만 가정교사라는 독특한 위치가 그녀에게 힘을 가진 존재를 흉내 낼 수 있는 길을 터 주었다. 소설의 마지막 장면, 열병에 걸린 플로라가 그로스 부인과 함께 런던으로 떠나고, 마일스와 단둘이 남은 주인공은 오롯이 혼자서 마일스를 소유할 수 있는 기회를 갖게 된다. 그녀는 마일스에게 학교에서 쫓겨난 이유를 말하라 다그친다. 같은 시간, 창 너머에서는 피터 퀸트의 유령이 마일스를 지켜보고 있다. 하지만 다행히도 마일스는 주인공의 품에 있다. 그녀는 외친다.

"그는 너를 잃었다, 영원토록!" 그렇게 말하고 나서 저의 업적을 증명하기 위해 이렇게 외쳤습니다. "저기 그가 있다!" 하지만 아이는 곧바로 돌아섰고, 한 번 더 뭔가를 응시했으며, 그러고 나서 정적만이 있을 뿐이었습니다. 상실의 충격으로 인해 마일스가 심연 위로 내팽개쳐진 피조물의 단말마를 내질렀던 것이 저는 너무나도 뿌듯하였습니다. 그 아이를 다시 품에 안으려는 제 행동은 그러나 그저 고꾸라지는 그 아이를 낚아챈 것에 불과했습니다. 저는 그 아이를 붙잡았습니다, 네, 움켜잡았어요. 어떤 열정으로 그랬을지 상상하실 수 있겠죠. 하지만 1분쯤 지나 저는 제가 진짜로 움켜잡은 것이 뭔지 느끼기 시작했습니다. 함께하는 것은 정적뿐, 되찾은 그의 작은 심장은 멈춰 있었습니다.

— 헨리 제임스, 『나사의 회전』 중

그녀는 마일스를 되찾아 오는 데 성공했다. 그렇다. 그녀는 마일스를 구해 냈다. 삶으로부터 말이다. 죽은 마일스는 이제 완벽하게 그녀의 것이다. 완벽한 소유를 향한 통제광의 욕망이 도달하는 장소는 언제나 불모不毛다. 마일스는 죽었고, 죽은 아이를 끌어안은 채 그녀는 홀로 남았다. 홀로 살아남는 것, 그것은 통제광에게 가능한 유일한 승리의 방식이다.

라이

라이의 호텔 창 밖 풍경
피터 퀸트의 유령이 배회하는 듯 하다.

수집광의 의식

하나의 이야기가 끝이 났다. 하지만 여전히 생생하게 그 목소리가 들려온다. 지극히 생생한, 대낮 환한 햇살 속의 유령 같은, 그 비현실적인 현실감. 너무나도 진짜 같은 그 만들어진 목소리. 통제광의 매혹적인 중얼거림. 그것만이 귓가에 남아 사라지지 않는다. 오직 그 목소리만이······.

그렇다. 오직 목소리뿐이다. 미치광이의 생생한 절규 외에는 아무것도 없다. 『나사의 회전』이라는 이야기의 우선된 특징은 명확성이 부재한다는 것이다. 오직 기괴하게 증폭된 '일인칭 나'의 고독하고 광기 어린 의식만이 존재할 뿐이다. 그런데 그 의식은 아무것도 솔직하게 말할 수가 없다. 하여 그 의식은 방대한 양의(사실상 진실과 별 상관없는) 시시콜콜한 세부 사항을 늘어놓는 것으로 진실을 대체한다. 세부 사항들, 즉 온갖 무의미한 사실들을 과잉으로 정교하게 배치하는 것을 통해서 관객/독자를 미치기 일보 직전의 상태로 끌고 가는 특유의 서사 형식은 감상 행위의 사도-마도히즘적 쾌락을 최대치로 끌어올린다. 세련되지 못한, 노골적으로 말해, 부르주아적 매너를 교육받지 못한 야만적인 관객/독자들에게 집요한 물량 공세는 히스테릭한 난도질 이상으로 느껴지기 어렵다. 그것은 자연스럽게 작품에 대한 적개심으로 연결된다. 왜냐하면 이 미치광이 난도질 같아 보이는 공격성은 언제나 신기하게도 관객/독자가 미처 세련화하지 못한, 즉 다듬어지지 않은, 감수성의 가장 약한 지점을(밖으로 삐져나온 코털 같은) 정조준하기 때문이다. 이것은 의도적인 공격인가? 물론 그에 대해 작품은 침묵한다.

요약하자면 『나사의 회전』은 제인 오스틴과 플로베르 등 19세기 풍속소설The novel of manners에서 시작된 고유의 창작 법칙을 따른다고 할 수 있다. 결혼이나 계급처럼, 보편적인 사회규약을 둘러싼 세계를 집요하게 탐구하는 이런 작품들은 단지 겉으로 드러나는 줄거리뿐만이 아니라 그 줄거리에 내포된 복잡한 코드들도 함께 해독할 것을 독자에게 강요한다. 이렇게 이중화된 게임의 규칙은 현대 문학의 특성이 되었고, 나아가 현대의 예술이라면 장르에 차이 없이 이 이중나선을 정교하게 배합해 내는 것을 '창작'으로, 그 배합을 세심하게 해독해 내는 것을 '감상'이라 치게 되었다. 이것을 '현대 예술'이라는 하나의 커다란 사조로서 부를 수 있다면 문제의 '현대 예술'이라는 것이 등장했을 때, 왜 관객들은 야유하고, 독자들은 책을 불태웠는지, 엄청난 사회적 규탄이 뒤따랐는지도 이해할 수 있다. 완벽한 해독에는 엄청난 양과 시간의 학습이 요구된다. 압도적인 세부 사항들은 한 조각, 한 조각이 당신의 학습치를 시험한다. 하나라도 맞아떨어지지 않으면, 작품은 즉시 날카롭게 벼려진 칼처럼 당신을 공격한다. 이 무자비한 공격성은 어디에서 오는 것일까? 그것은 결국, 말하는 것이 금지되어 있기 때문이다. 작품들은 솔직하게 이야기할 수 없다. 언젠가부터 그것은 예술세계에서 절대 금기가 되어 버렸다. 혹은 정반대로, 언젠가부터 작품들은 오직 노골적인 적나라한 폭로만을 욕망하기 시작했는지도 모르겠다. 하지만 사회는, 나아가 문명은 그것을 금지한다. 금지된 것을 욕망하는 현대 예술은 점점 더 가학적으로 되어 간다.

—

식어 빠진 커피를 앞에 두고 여자가 남자를 향해 말한다. "오늘 날씨가 참 좋아요." 여자의 말은 무슨 뜻일까? 액면 그대로 날씨가 좋다는 것일까? 기분이 좋다는 것일까? 혹은 반대로, 날씨가 아주 나쁜 것을 비꼰 것일까? 혹시 남자가 맘에 든다는 것일까? 반대로 남자가 별로라는 것일까? 날씨가 좋은데 커피나 마시다니 한심하다는 것일까, 혹은 나들이를 가자는 것일까? 아니면, 가령, "당신은 언제 나에게 청혼할 건데요?"라는 의미가 숨어 있는 중요한 멘트인가? 그것도 아니라면 이 여자가 속한 사회에서는 날씨가 좋다는 말은, 배가 고프다는 의미일지도 모르겠다. 더 나아가, 여자는 그 법칙을 남자가 안다는 가정하에, 사실 배가 엄청나게 부르다는 뜻을('참'이라는 강조를 통해서) 전달한 것일지도 모르겠다.

만약에 일상생활에서 벌어지는 모든 대화들에 대해서 위와 같이 온갖 종류의 해석을 가해야 한다면 사람들은 어떻게 될까? 당연히 신경과민에 시달리고, 결국 미쳐 버리고 말 것이다. 물론 지금 우리가 미치지 않고 평화롭게 하루하루를 살아가고 있다고 해서 모든 해석을 정지한 채 바보처럼 살아가고 있다는 뜻은 아니다. 단지 일련의 판단 작업을 스스로가 느끼지도 못할 만큼 빠르게, 자연스럽게, 무의식적으로 해 나가고 있을 뿐이다.

우리가 신경과민에 걸리는 것은 저런 온갖 해석들이 의식의 장으로 파고들 때이다. 의식과 무의식의 균형이 깨져 버리는 것이다. 어떤 사회가 지나치게 억압적이어서 의식의 자리에 있는 것들을 하나하나 의식 너머로 삭제하려 할 때, 혹은 이민자나 신입생처럼 새로운 사회에 발을 내딛게 된 초심자가 아직 그 사회의 법칙을 잘 이해하지 못하는 때, 과잉 판단의 회로 속에 갇혀 버리기 쉽다. 분명히 있는 것을 있다고 말할 수 없을 때, 혹은 눈앞에 보이는 모든 것들이 의미심장한 기호들로 보일 때, 동시에 그게 도대체 뭔지 감도 잡을 수 없을 때, 끝없이 늘어선 의심 속에서, 명확했던 의미들이 무너져 내리기 시작한다.

『나사의 회전』은 심리적으로 억압된 여성 화자를 앞세워 위기에 빠진 하나의 심리 상태, 병적으로 부풀어 올라 닥치는 대로 지각知覺하기 시작한 문제적 의식 상태를 묘사한다. 19세기 말, 모든 것이 붕괴되어 가던 전환기의 시대, 흔적만이 남은 구세계가 낯설고 불길한 것으로 변해 가던 때, 최후의 심판을 피해 보겠다는 듯 사회적 억압은 절정에 달해 있었다. 하지만 어김없이, 불안은 영혼을 사로잡는다. 그리고 불안에 빠진 사람들은 서랍을 가득 채우는 습관이 생긴다. 무엇을 버려도 좋고 무엇을 모아야 하는지 알 수가 없으므로 닥치는 대로 모으는 것이다. 한 세기가 넘게 흐른 이 시대, 다시금 옛것과 새것이 교차하는 듯 느껴지는 세계 속 우리 또한 어떤 면에서 파국의 예감으로 가득 찬 광기 어린 수집광들이다. 과연, 오래된 유령 이야기를 다시 꺼내 들기 좋은 때가 아닐까.

스몰 토크

식어 빠진 커피를 앞에 두고 여자가 남자를 향해 말한다.

라이

소설과 자유

철창과 미로

일설에 따르면 '템스'라는 단어는 라틴어 'Tamesis'에서 기원했으며, 어둡다는 뜻을 지니고 있다고 한다. 흐린 날 특유의 검고 축축한 구름에 뒤덮여 어슴푸레 빛나는 강변 풍경은 언젠가 테이트 갤러리에서 보았던 J. M. W. 터너의 그림들을 떠오르게 한다. 템스 강을 몹시 사랑했던 터너는 강이 잘 바라다보이는 트위크넘 지방의 리치몬드힐에 땅을 구입해 직접 집을 지었다. 지금은 테이트 갤러리 소유의 터너 기념관이 된 단정한 이층집의 침실 창으로 강을 바라보며 그는 템스 강을 테마로 한 그림을 여럿 그렸다.

터너가 영국인들에게 가장 사랑받은 화가 중 하나이듯이, 템스 강은 런던을 찾는 사람들이 가장 좋아하는 장소 중 하나이다. 헨리 제임스의 유작 『황금의 잔』의 주인공인 아메리고 또한 템스 강에 깊은 애착을 지니고 있다. 그는 이탈리아의 유서 깊은 가문 출신이지만 로마의 테베레 강이 아닌 런던의 템스 강에서 잊힌 고대

로마제국의 흔적을 느낀다.

　몰락한 이탈리아 왕족 아메리고가 런던에 정착하게 된 것은 부유한 사업가이자 예술품 수집가인 미국인 베버 씨의 딸 매기와 결혼하게 되었기 때문이다. 오래된 유럽-혈통과 새로운 미국-자본의 교환이다. 아버지의 애정과 막대한 부로 철통같이 보호된 삶을 살아온 매기에게 런던이라는 유서 깊은 도시와 고풍스러운 배경을 지닌 남편은 진귀한 작품들이 모여 있는 화려한 박물관과 그 안을 가득 채운 값비싼 유물에 다름 아니다.

　　"난 값이 아주 많이 나가오."
　　"당신을 잃느니 그 값을 치르겠어요."
　　— 헨리 제임스,『황금의 잔』중

　매기는 그 고귀한 유물들이 어떻게 해서 박물관에 오게 되었는지, 다시 말해 그것들을 수중에 넣기 위해서 어떤 값(대가)을 치러야 했는지 관심이 없다. 부자인 그녀의 아버지가 수단과 방법을 가리지 않고 돈을 벌어들였을 것이라 짐작할 수 있듯, 관람객들 앞에 얌전히 놓인 박물관의 수집품들은 전쟁과 약탈, 도굴꾼들의 손을 거쳤을 것이다. 아버지의 폭력을 통해 매기는 노력 없이 최상품들을 소유할 수 있게 되었다. 매기와 아메리고의 결혼 또한 아무 문제없이, 너무나도 쉽게 성취된다. 하지만 과연, 매기는 그를 진정 손에 넣은 것일까?

피렌체 우피치 미술관
관람객 앞에 놓인 박물관의 수집품들은 전쟁과 약탈, 도굴꾼들의 손길을 거쳤을 것이다.

"나에겐 두 가지 면이 있소. 하나는 역사로 이루어진 나요. 사건들, 결혼들, 범죄, 어리석음, 조상들의 끝없는 아둔함으로 이루어져 있는. 특히 선대의 악명 높은 낭비벽이 나를 만들었지. 이것들은 말 그대로 줄줄이 늘어선 책들에 세세히 적혀 있어 서가에서 찾아볼 수 있소. 혐오스러울 정도로 일일이 공개되어 있어서 누구든 접할 수 있소. 그리고 당신, 당신의 아버지와 당신은, 그것들을 놀라우리만치 정면으로 응시했지. 하지만 내겐 다른 면도 있소. 의심의 여지없이 사소하지만, 나라는 사람 그 자체에 대해 말해 주는, 알려지지 않은, 전혀 중요치 않은, 당신을 위해 남겨진, 나라는 개인의 아주 사소한 질량 말이오. 이에 관해서라면 당신은 아직 발견한 것이 없소."

― 헨리 제임스, 『황금의 잔』 중

아메리고는 오래된 유물이지만 동시에 인간이다. 본인이 지적하듯, 한 명의 개인인 아메리고에 대해서 매기는 아무것도 아는 바가 없다. 그에 대해 역사 따위 두렵지 않다며 도전적으로 응수하는 그녀는 혹시 박물관 안과 밖을 혼동하고 있는 게 아닐까? 그동안 그녀의 삶은 금도금된 철창 안에 있었다고 할 수 있다. 그리고 그녀가 그 바깥으로 한 걸음 내딛자 펼쳐진 것은 그림처럼 완벽한, 끝이 보이지 않는 거대한 미로다.

로마의 보르게세 미술관

그 동안 매기의 삶은 금도금된 철창 안에 있었다고 할 수 있다.

아메리고에게는 헤어진 연인이 있다. 샬럿 스탠트, 우아하며 아름답지만 가난한 그녀는 아메리고의 거울상이다. 수집품은 수집상을 만나야 한다. 수집품들끼리 무슨 관계를 맺는단 말인가? 그래서 그들은 헤어졌다. 그런데 결혼을 앞둔 아메리고 앞에 샬럿이 다시 나타난 표면적 이유는, 그녀가 매기의 오래된 친구이기 때문이다. 물론 샬럿의 본심은 조금 더 복잡하다. 결혼을 앞둔 어느 날, 샬럿은 결혼선물을 핑계로 아메리고와 함께 런던 거리를 헤매다가 작은 골동품 가게를 발견한다. 가게 주인이 둘에게 희귀한 물건이라며 금을 입힌 크리스털 잔을 보여 준다. 샬럿은 한눈에 마음에 들어 하지만 가격이 부담된다. 한편, 아메리고는 잔에 숨겨진 비밀을 즉시 알아챈다. 멋진 금박 아래 금 간 크리스털이 감춰져 있는 것이다. 그 자체로 엄청난 가치의 골동품인 아메리고는 다른 골동품들의 가치 또한 본능적으로 알아챈다. "내가 그 물건의 진짜 모습을 봤지. 자신의 사연을 들려주더군. 말할 것 없이 싸구려요."

"정말 다행이에요. 우리가 그 잔에 있는 흠집을 알아본 게 말이에요! 미처 알아채지 못한 사물들 속의 균열이 우리를 파멸로 이끈다면 얼마나 끔찍한 일일까요!"
"아니, 알아챌 거요. 적어도 나는 그래. 내 본능이 말해 주지. 절대 틀리지 않아요. 바로 그 본능이 나를 항상 지켜 준다오."

"그렇다면 나는, 누가 지켜 주죠?"

— 헨리 제임스, 『황금의 잔』 중

아메리고는 진짜와 가짜를 구분할 줄 안다. 그게 그의 본능이고 보호막이다. 그것이 그를 파멸에서 지켜 줄 것이다.

값이란 무엇일까? 가치란 또 무엇일까? 값을 지불한다는 것은? 대가를 치른다는 것은? 여기 네 명의 사람이 있다. 한편에 값이 아주 높은 사람들, 그리고 다른 한편에 어떤 값이든 치를 준비가 되어 있는 사람들이 있다. 살 수 있는 사람과 팔 수 있는 사람이 있다. 팔 수밖에 없는 사람과 팔리지 않는 사람이 있다. 가치가 있는 사람과 가치를 아는 사람이 있다. 그렇다면 가격을 모르는 사람, 값을 치를 수 없는 사람, 팔리지 않는 사람, 즉 우리의 가여운 샬럿은 누가 구원하는가? 다시, 여기 모든 것을 손에 넣은 듯한 대담한 매기가 있다. 그녀는 아버지를 위해, 혹은 그에게 보란 듯이, 그의 거래를 흉내 내려 한다. 아버지와 샬럿을 결혼시키는 것이 그녀의 계획이다. 그녀가 보지 못한 것은, 샬럿이라는 근사한 크리스털 잔, 매끈하게 도금된 표면 아래 숨겨진 작은 균열이다.

"날씨 때문이에요." 그녀가 설명했다. "작은 생각이 떠올랐죠. 그러자 옛날의 내가 된 것 같았어요. 하고 싶은 대로 할 수 있던 때의 내가요."

— 헨리 제임스, 『황금의 잔』 중

샬럿이 아담 베버(매기의 아버지)의 아내가 된 후, 아메리고와 샬럿은 비밀스러운 만남을 시작한다. 그것은 어쩌면 자연스러운 결과다. 결혼은 둘을 가로막고 있던 문제 '돈'과 '사회적 위치'를 해결해 주었다. 하여 둘은 어느 때보다 순수하게, 서로를 애정할 수 있게 되었다. 왜냐하면, 그것 말고, 딱히 무엇을 할 수 있겠는가?

"'작은 배'가 말이오." 아메리고 공소은 놀랍도록 사려 깊고 명쾌하게 설명했다. "둑에 잘 묶여 있소. 강가에 정박해 있다고 해도 좋소. 그리고 나는 이따금 무릎을 쭉 펴기 위해 그 배에서 뛰쳐나가야 한단 말이오. 아마 주의를 기울인다면 눈치챌 수 있을 거요. 샬럿도 이따금 같은 일을 하지 않을 수 없다는 걸 말이오."

― 헨리 제임스, 『황금의 잔』 중

다시 말하지만 아메리고는 매력적인 수집품이자, 동시에 하나의 인간이다. 근사한 응접실에 전시해 놓으면 먼지가 쌓이든 말든 가만히 있는 값비싼 항아리가 아니다. 샬럿과 아메리고에게는 물론 수집품으로서의 삶이 있고, 그것을 잘 알고 있으며, 충실히 수행할 것이다. 하지만 이따금 몸을 풀어 줘야 한다. 그래야 되돌아가 하던 일을 계속할 수 있을 테니까 말이다. 그것이 베버 씨 부녀가 원하는 것이 아니었나? 부녀가 서로를 위해 최상의 작품을 수집한 것처럼, 그러니까 그게 서로를 위해서이지 아메리고와 샬럿을 위해서라고 할 수는 없는 것처럼 말이다. 두 번의 결혼은 결과적으로 부녀의 정을 더 깊게 하였다. 이제는 손자까지 삼대가 한 가족처럼 붙어 다니는 베버 씨네 삶의 알리바이로서 아메리고와 샬럿은 존재하는 것이 아닌가? 하지만 그렇다면 이 젊고 매력적인 두 사람은 자신들의 앞에 남겨진 길고도 권태로운 나날을 대체 뭘 하며 보내야 하는가?

—

　모든 것은 완벽한 그림처럼 흘러갈 수도 있었다. 멋진 귀족과 왕족, 부르주아들의 부도덕한 사생활은 희귀한 것이 아니다. 아름답지만 위선적인 삶이 영원한 듯 흘러갈 수도 있었다. 그 평화를 깬 것은 매기 자신이다. 그녀는 아메리고와 샬럿이 함께 있는 풍경에서 뭔가를 감지한다. 매끈하게 마감된 표면 아래 작은 흠집이 눈에 들어온 것이다. 그렇게 폭로된 풍경의 진실은 다름이 아닌, 눈앞에 펼쳐진 완벽한 풍경에서 매기 홀로 제외되어 있으며, 어쩌면 언제까지나 그녀는 그렇게 관객일 뿐일지도 모른다는 것이다.

　가장 가까운 친구, 그리고 남편으로부터 속임을 당했으며 그것의 가장 큰 희생자가 다름 아닌 사랑하는 아버지와 자신이라는 것을. 그런데 그 모든 것이 자신의 계획(아버지와 샬럿의 결혼)에서 비롯되었다는 깨달음에 매기는 절망한다. 아무것도 하지 못한 채, 자신은 절대 따라잡을 수 없는 샬럿과 아메리고 두 수집품의 아름다움을 찬탄할 수밖에 없는 처지가 된 그녀는 헨리 제임스 소설 속 전형적인 희생양 여주인공의 모습이다. 하지만 헨리 제임스의 스무 번째이자, 생애 마지막 소설이 된 이 작품에서 마침내 매기는 새로운 한 발을 내딛는다. 그녀는 희생자가 되기를 거부한다. 그녀는 생애 최초로 "즉흥극을 하기 시작했다. 책에 없는 대사들을 말하기 시작했다."

해결의 실마리는 엉뚱한 곳에서 온다. 매기가 우연히 문제의 황금으로 도금된 금 간 크리스털 잔을 사들인 것이다. 감추어진 균열을 알아보지 못한 매기는 비싼 값을 치른다. 그런데 순진한 귀부인에게 사기를 쳤다는 느낌에 찜찜해진 골동품상이 사실을 털어놓기 위해 매기의 집으로 찾아오고, 그는 매기와 아메리고, 샬럿의 관계를 직감적으로 눈치챈다. 사과의 표시로 그는 매기에게 샬럿과 아메리고가 결혼식 전날 밤 찾아왔던 것을 털어놓는다. 그렇게 매기는 덫에서 빠져나갈 열쇠를 손에 넣게 된다. 네 남녀의 모호하게 얽히고설킨 근친상간적 관계를 해결하기 위해서, 매기는 아버지와 헤어지는(아버지와 샬럿 부부를 미국으로 돌려보내는) 극단적인 결정을 내린다. 흥미로운 것은 이 결정에 대해서 매기가 아버지와 대화를 나누는 장면에서, 그동안 그저 사람 좋은 남자처럼 보였던 아버지가 이미 모든 것을 알고 있었던 듯 보인다는 점이다. 그렇다면 그는 왜 침묵했던 것일까? 그저 무능했던 것일까, 혹은 딸이 스스로 강해지는 모습을 보기 위해서였던 것일까. 아무튼 부녀는 서로의 강인함을 확인하고, 어느 때보다 강해진 신뢰와 유대감 속에서 헤어짐을 받아들인다.

—

두 동강 나 버린 황금잔과 베버 모녀의 결정 앞에서 샬럿과 아메리고는 말없이 처분을 따른다. 수집가와 수집품들 간의 질서가 되돌아왔다. 매기는 이번 일을 통해 어떻게 엉클어진 질서를 되찾을 수 있는지, 어떤 식으로 자신의 힘을 사용해야 하는지를 배웠다. 그녀는 내내 우아하고 조심스러웠으며 완벽했다. 그것이 사랑하는 남편과 아버지를 지키는 유일한 길이었기에. 자신이 소유한 힘을 올바르게 사용하는 법을 배운 당찬 상속녀에게 아메리고는 새삼 마음이 움직인다. 그녀 또한 자신만큼 흔치 않은 진품이었던 것이다. "내 눈엔 당신밖에 보이지 않소." 그가 고백한다. 매기는 아메리고를 진정으로 손에 넣는 데 성공했다.

촘촘하게 짜인 우아한 소설 『황금의 잔』을 통해 제임스는 그 어느 때보다 깊게, 포식자들의 생태계를 들여다본다. 혈연과 결혼, 불륜으로 복잡하게 얽힌 인간들의 관계 속에는 언제나 이기적인 욕망이, 서로를 짓밟고 살아남으려는 원초적인 본능이 가득하다.

대영박물관의 전시실, 햇살을 받아 눈부시게 빛나는 고대 신전의 파편들이 묘사하는 것은 살육으로 가득한 전투다. 살아남을 준비가 되어 있는가? 원하는 것을 차지할 준비가 되어 있는가? 미로와 철창으로 가득한 피투성이의 세계에 발을 디딜 준비가 되어 있는가? 그럴듯한 표면 아래 정교하게 감추어진 흠집, 꿈같은 정원 곳곳에 숨겨진 함정에 걸려 넘어지지 않을 자신이 있는가?

하지만 잊지 말아야 할 것은, 더없이 살벌한 이 게임의 시작과 끝에는 언제나 사랑이라는 미심쩍은 환영이 존재한다는 점이다.

아니 어쩌면 사랑이라는 단어의 은밀한 속살에는 인간의 끝없는 이기심이 자상刺傷처럼 새겨져 있다. 당신은 따뜻함을 잃지 않은 채로 이 냉혹한 진실을 마주할 준비가 되어 있는가? 늑대들과 뱀파이어, 저주를 읊조리는 예언자들의 세계, 이 환상적인 정글의 가장 내부로 잠입한 뒤 그곳에서 길을 잃지 않을 자신이 있는가?

—

인간들이 끝내 놓을 수 없는 사랑이라는 환영과, 그 깊숙이에 덫처럼 자리 잡고 있는 냉혹한 이기심, 그 둘의 얽히고설킨 관계도를 황금실로 직조된 거대한 거미줄처럼 환상적으로 그려 낸 『황금의 잔』을 통해 마침내 헨리 제임스의 소설가적 야심이 완벽하게 실현되었다. 그가 이렇게 과감하고 날카롭게 인간 심리의 가장 깊은 부분까지 파고들 수 있었던 것은 그가 소설가로서 그 누구보다 문학적 자유를 믿었기에 가능했다. 《롱맨》지의 1884년 9월호에 실린 「소설의 기교The art of fiction」라는 기고글에 그의 문학적 자유에 대한 신념이 가감 없이 드러나 있다.

애초에 이 글이 쓰이게 된 이유는 그해 4월 영국 왕립연구소에서 동명의 제목으로 펼쳐진 빅토리아 시대의 저명한 역사가이자 소설가였던 월터 베전트Walter Besant 경의 강연회에서 비롯된다.

"오늘 밤, 나는 소설을 순수예술에 속하는 것으로 간주하려 합니다." 강연의 서두, 직설적으로 포문을 연 베전트는 곧바로 소설이 순수예술에 속할 수 있는 근거를 댄다. 소설이 회화, 조각, 음악과 시 따위의 다른 순수예술과 다를 바가 없는 이유는 소설 또한 그들과 마찬가지로 균형과 조화 등 보편규칙에 입각하여 재단되기 때문이라는 것이 그의 설명이다. 이어 그는 소설이 다른 예술과 다르게 공인된 기관(대학 등)에서 다루어지지 않는 점을 안타까워하며 소설을 가장 오래되고 풍요로운 장르로서 상찬한다. 그가보기에 소설이 다른 예술 장르와 다른 점은, 그것이 오직 인간을다룬다는 점뿐이다. 즉, 소설은 상상된 이야기 속 인물들에 대한공감의 감정을 기반으로 하는데, 그것은 인간성 자체에 대한 탐구로서, 그 탐구의 목표는 도덕적인 이상을 성취하는 것이다. 이 도덕적 이상을 그는 현대 영국 소설이 마땅히 탐구해야 할 덕목으로삼는다. 이 덕목을 성취하기 위해서 소설은 진실되고 명확하게 쓰여야 한다. 주제와 소재는 주의 깊게 선택되어야 하고, 사실성을위해 이야기는 작가의 경험을 기반으로 하여야 한다.

　베전트의 강연은 선배 소설가의 입장에서 이제 막 소설 쓰기를시작하는 초심자들, 소설가로 성공하려는 젊은 야심가들을 위해서 행해진 것으로 보인다. 틀린 말은 전혀 없고, 읽고 나면 아, 나도 열심히 해야겠다, 겸손한 마음으로 책상 앞으로 돌아가 자세를똑바로 하고 펜을 들어야 할 것 같다. 거칠게 말하면 평이한 내용이다. 온통 좋은 말들뿐, 틀린 말 하나 없는 베전트의 이야기는 문예창작과 교수가 신입생 환영회에서 늘어놓을 법한 내용으로 가득 차 있다. 일차원적이며 교조적이다. 작품 활동을 제외하면 사적인 행복을 최고로 치는 헨리 제임스가 성격에 맞지 않게 논쟁에뛰어든 것은 어쩌면 선배 작가로서의 책임감이 아니었을까? 의욕

넘치는 단순무식한 선생님이 순진한 학생들을 망치려고 하고 있다. 막아야 한다!

—

헨리 제임스의 반박문은 영국 소설에 대한 묘사로 시작된다. "영국 소설은 얼마 전까지만 해도 프랑스 사람들이 굳이 논할 거리가 있다 여기지 않았던 영역에 속해 있었다고 생각됩니다." 그는 그것의 이유로 영국 사람들의 소설에 대한 편견을 든다. 물론 소설을 사악한 것으로 보던 시선은 오래전 사라졌지만, 그럼에도 불구하고 여전히 뿌리 깊은 적대감이 남아 있다. 여전히 영국 사람들은 소설에 대해 독을 탄 투명한 술처럼, 은밀하게 침입하여 나도 모르는 사이 큰 해를 입힐 수도 있는 물건으로 여긴다는 것이다. "그것은 교훈을 주기엔 너무 시시하고, 가볍게 즐기기엔 너무 심각합니다." 또한 그것은 "모순적이며, 무가치합니다." 소설을 수상쩍은 것으로 보는 이런 시각은 자연스럽게 소설에 엄격한 규칙과 도덕적 목표를 부여하려는 시도로 연결된다. 버릇없는 아이를 혹독하게 가르쳐서 조신한 아가씨와 멋진 신사로 키워 내겠다는 셈법인 것이다. 신사 숙녀가 엄격한 테이블 매너와 우아한 말투에 익숙해져야 하는 것처럼 소설은 본받을 만한 인물을 내세워서 고상한 신념을 설파해야 한다. 도둑질과 거짓말은 채찍질로 다스려야 하는 나쁜 짓인 만큼, 소설은 절대로 진실만을 말해야 한다. 만약 네가 강원도 산골짜기에서 온 소녀라면 절대로 로마의 군대에 대해서 말하지 말아야 한다. 그건 네가 말할 수 있는 범위를 벗어나며, 따라서 말할 수도 없는 것, 그런 짓을 한다는 것은 질 나쁜 사기에 불과하기 때문이다. 미국 동부의 꽉 막힌 청교도 마을에 진절머리내며 유럽으로 탈출해 온 헨리 제임스가 이런 시각에 동의할 리가 없다. 그는 베전트의 도덕적 목표에 의문을 제기하며 자유라는 개념을 가져온다.

제임스에 따르면 소설이란 크게 봤을 때 삶에 대한 한 개인의 독특한 인상이다. 인상이란 무엇인가? 그것은 외부 지각에 대한 내적 판단이다. 우리는 매 순간, 외부의 정보를 포착하고 입수하고, 판단을 내린다. 그 판단은 대체로 모호한 감정들로서 어떤 느낌, 분위기로서 감지된다. 어떤 것은 금방 잊히고 어떤 것은 수십 년간 생생하게 남아 있다. 결국 경험이란, 헨리 제임스에 따르면, 이런 인상들의 집합이다. 그렇게 따졌을 때, 단순히 물리적/사회적 배경에 입각하여 경험을 재단하는 것은 위험하며 동시에 틀린 것이다. "경험에는 한계가 없으며, 결코 끝도 없습니다."

경험이란 하나의 정신이 가지는 독특한 정서인데, 정신이란 상상력을 가진 존재이다. 따라서 강원도 산골짜기의 소녀는 로마의 군대에 대해서 충분히 경험할 수 있다. 물론 그녀가 진짜 바로 그 로마의 군대를 본 적은 없겠지만, 로마에 대해 읽은 것과 군인인 친척에 대한 기억과 또 최근에 본 전쟁영화를 엮어서 그럴듯한 것을 충분히 만들어 낼 수 있다. 만약 이것이 불가능하다면, 우리가 지금 아는 서사 장르의 대부분이 존재하지 못했을 것이다. 이런 면에서 소설 쓰기란, 현실이라는 중력에서는 이루지 못할 자유를 실현하는 상상의 장이다. 따라서 소설을 평가할 때 중요한 것은 그것이 결과물로서 생생하고 흥미로운가이며, 그 목표에 도달하는 길은 당연히 무한대다. 경험의 형태가 끝이 없는 것처럼 말이다.

우리는 그림을 볼 때, 그래서 이 그림이 말하는 바가 무엇인가, 어떤 교훈을 주는가를 따져 그 그림의 가치를 평하지 않는다. 그 그림이 가진 미적 성과에 대해 생각한다. 아름다움이 완벽하게 형상화됐을 때, 그것을 아름답다고 말하며, 그러면 된 것이다. 그것은 음악도, 조각도 마찬가지다. 그렇다면, 소설에 대해서 그러지 말아야 하는 이유가 무엇인가?

결국 헨리 제임스에 따르면 소설이란, 작가가 그럴듯한 모습으로 "삶이라는 환영"을 만들어 내는 것이다. 그 환영은 독자들에게, 현실이 주는 환영(인상)과 근본적으로 동일한 것이다. 왜냐하면 소설 또한 하나의 경험, 결코 한계도 없고 끝도 없는, 즉 작가가 만들어 낸 살아 움직이는 유기체이기 때문이다. 엄밀히 따져보았을 때 소설의 명확함에 대한 베전트의 의견은 생각보다 명확하지가 않다. 어디까지가 경험이고 어디까지가 아니라고 선을 긋겠는가. 극단적으로 말하자면 인물과 사건조차 칼같이 구분될 수는 없다. 왜냐하면 인물은 언제나 사건들 속에 존재하고, 사건이란 결국 인물들의 표현이기 때문이다. 만약 모든 것을 명확하고 깨끗하게 구별하고 적을 수 있다면, 그것은 딱딱한 설명서이지 실감 나는 소설이 될 수 없을 것이다. 좋은 소설은 결코 주제와 목적의 선별에 달려 있지 않다고 헨리 제임스는 강조한다. 중요한 것은 깨달음의 감각, 정신적 해방을 제공하는 것이다. 따라서 소설가에게 주어져야 하는 것은, 헨리 제임스에 따르면, 공원의 경고판("잔디를 밟지 마시오", "꽃을 꺾지 마시오") 같은 엄격한 룰이 아니고, "생생한 현실감"을 가져다줄 한계 없는 상상력이다.

결론에 이르러 헨리 제임스는 베전트의 도덕주의를 자비 없이 비판한다. 그는 이런 식으로 도덕률에 집착하는 태도로 소설가들이 도덕적 고결함이 아니라 오히려 도덕적 소심함을 가지게 되었다고 주장한다. 엄격한 분위기가 낳은 망설임과 침묵이 도덕적 열정일 수는 없다. 대신 그는, 소설에 있어서 어떤 도덕적 미덕이 존재한다면 그것은 작가 개인의 내면에 달려 있는 것이라고 말한다. "피상적 정신은 결코 훌륭한 소설을 생산할 수 없습니다."

거듭 자유를 강조하는 헨리 제임스의 글은 소설에 대한 것이라기보다 빅토리아 시대 영국의 경직된 분위기에 대한 우회적 비판으로 들리기도 한다. 그는 글의 마지막에서 꿈을 가진 젊은이들이 가혹한 사회적 규율을 스스로 내면화하며, 예술이 주는 참된 매력에서 멀어지지 않기를 당부한다.

—

이 글을 통해 나는 헨리 제임스라는 인간을, 그가 왜 그런 소설들을 썼는지를 아주 약간 이해할 수 있을 것 같았다. 처음부터 끝까지, 줄곧 열정적인 선언과 훈계조로 진행된 베전트의 글과 달리 제임스의 글은 아주 조심스럽게 시작된다. 글을 쓴 배경, 베전트의 강의와 그에 대한 동의, 영국 소설에 대한 이런저런 의견들……. 글의 4분의 1이 넘어서야 슬며시 베전트에 대한 반대 입장을 알린다. 하지만 한 번 시작된 비판은 차근차근 강도가 높아지며, 베전트의 '경험'과 '도덕적 목표'라는 개념의 모호성에 대한 다각적이고 집요한 분석을 지나서 급기야 공원의 경고판 비유에 이르렀을 때는 필치의 신랄함에 베전트가 가여워질 정도다. 그렇게 무자비하게 상대를 무너뜨린 제임스는 그러나 돌아섰을 때 완전히 다른 사람이 되어 있다. 그가 젊은이들을 향해 보이는 다정함과 사려 깊음은 마치, 적의 피를 흠뻑 뒤집어쓴 암살자가 임무를 성공적으로 끝낸 뒤 구석에 숨어 있던 어린아이를 발견하여 "괜찮니, 다치지 않았니" 하며 조심스레 걱정의 말을 건네는 느낌이다. 최대치의 냉혹함과 다정함을 동시에 겸비한 인간. 이것이 나의 헨리 제임스에 대한 인상이며, 내가 경험한 헨리 제임스다. 여기 그의 피에 흠뻑 젖은 다정함이 있다.

"마음껏 즐기세요." 나는 말해 주고 싶습니다. "그것(문학)을 손에 넣고, 극한까지 탐험하세요. 드러내고, 한껏 기뻐하세요. 삶 전체가 당신의 것입니다. 당신을 구석으로 몰아넣고는 오직 그들이 가리키는 곳에만 예술이 존재한다고 말하는 사람들의 말을 무시하세요. 또는 이 천상의 전령은 삶을 오롯이 벗어난 채 가장 높은 곳의 공기만을 마시며 사물들의 진실들을 외면한다고 말하는 사람들의 말에 절대 귀를 기울이지 마세요. 소설가의 구상이 구현하지 못할 삶의 인상이란, 보고 느끼는 방식이란 존재하지 않습니다. 당신이 기억해야 할 것은 알렉상드르 뒤마, 제인 오스틴, 찰스 디킨스, 그리고 귀스타브 플로베르가 보여 주듯 재능이란 너무나도 천차만별이고, 따라서 이들 모두가 똑같은 긍지 속에서 문학을 해 나아갔다는 점입니다. 긍정주의 혹은 비관주의에 너무 집착하지 마세요. 삶 그 자체의 색깔을 포착하기 위해 힘쓰세요. 요새 프랑스에서 우리는 대단한 분투(무릇 소설의 가능성을 탐구하는 자라면 존경심 없이는 언급할 수 없는 에밀 졸라의 진지하고 탄탄한 작품이 행하는), 그 엄청난 분투가 편협함에 근거한 비관주의에 의해 타락된 것을 봅니다. 졸라는 경탄을 불러일으키는 작가지만 영국 독자들에게는 다소 야만적으로 느껴집니다. 그의 작품에는 어둠의 기운이 만연합니다. 만약 그가 자신이 가진 어두움의 육중한 무게에 비견될 양의 가벼움 또한 지니고 있었다면 그 결과는 대단했을 겁니다. 한편, 영국 소설에 대해 말하자면 지나치게 얄팍한 긍정주의가 깨진 유리 가루처럼 문학의 토대를 뒤덮고 있습니다. 그래서 결론이 뭐냐고 묻는다면, 작품 속에 폭넓은 지적 취향을 불어넣으세요. 당신의 첫 번째 임무는 완벽한 작품을 만들어 낼 수 있도록 가능한 완전해지는 것이라는 점을 잊지 마세요. 관대하며 동시에 섬세해야 합니다. 자 이제, 속된 말로 해서, 뛰어드십시오!"

— 헨리 제임스, 「소설의 기교」 중

죽음

여왕의 죽음과 함께 영국의 20세기가 시작되었다. 1901년 1월 22일, 여든한 살의 나이로 세상을 떠난 빅토리아 여왕의 생애는 19세기 대영제국의 전성기 그 자체였다. 여왕이 세상을 떠난 날 헨리 제임스는 런던에 있었다. 비통에 젖은 영국인들 틈에서 그가 느낌 감정은 복잡한 것이었다. 그는 어린 시절을 무기력한 아버지의 역할까지 떠맡아야 했던 강인한 어머니의 품 안에서 보냈고, 데이지 밀러나 이사벨 아처 같은 강렬한 여성들을 빚어냄으로써 작가적 명성을 얻었다. 그리고 위대한 여왕의 품 안에서 최강대국이 된 영국에서 일생의 대부분을 보냈다. 그에게 여성이란 강하고 두려운 존재였다. 강한 예술적 야심과 고집스런 자아를 갖고 있던 그에게 이런 여성들은 유혹이자 동시에 덫이었다. 그의 삶은 여성들의 '통치' 없이는 불가능했다. 하지만 그 여성들은 폭압적이었고, 제임스는 그들의 치마폭에 갇혀 버릴까 두려웠다. 강인한 여성들에게 둘러싸인 채로 그들에 의지하여 살아가는 『비둘기의 날개』의 주인공 머튼 덴셔는 속치마들에 푹 싸여 있다고 자조적으로 한탄하기도 한다. 물론 현실의 제임스는 매력적이지만 파괴적인 여성들로부터 조심스럽게 거리를 두고, 자신의 야망을 이루는데 성공했다.

같은 시기, 육순을 목전에 둔 소설가의 창작욕은 최고에 달해있었다. 『대사들』, 『비둘기의 날개』를 거의 동시에 완성한 그는 곧바로 『황금의 잔』 집필에 들어간다. 문학 바깥의 삶도 의욕적이었다. 헨드릭 앤더슨이라는 스물아홉 살 연하의 조각가와 농밀한 애정이 담긴 편지들을 주고받는 한편 조슬린 퍼스라는 아이리시 혈통의 미청년과도 로맨틱한 관계를 이어 나갔다. 퍼스는 문학과는 거리가 먼 세련된 신사로 미식과 브랜디, 사냥과 연애를 사랑하는 매력적인 한량이었다. 헨리 제임스는 이 젊은 신사가 자신의 소설에 아무런 관심도 없을 것이라 확신했으나 전혀 문제가 되지 않았다. 제임스가 죽고 난 뒤, 퍼스는 헨리 제임스가 무엇 때문에 자신을 그렇게 좋아했는지 모르겠다고 털어놓은 바 있다. 하지만 나는 충분히 이해할 수 있다. 세상에는 굉장한 독서가이나 예술애호가이지만 말 한마디조차 나누고 싶지 않은 형편없는 오타쿠가 있는가 하면, 지적으로 백치에 가깝지만 그 존재로서 완벽한 매력덩어리여서 헤어 나오기 힘든 인간 또한 존재한다. 많은 경우 그런 인간은 야심 있는 예술가의 희생양, 좋게 말해 영감의 원천, 뮤즈가 된다. 노년의 헨리 제임스에게는 앤더슨, 퍼스처럼 매력 넘치는 미청년들이 일종의 뮤즈였다. 하지만 성격상 오스카 와일드 같은 스캔들의 주인공은 되지 못했다. 그는 조심스럽게 예술작품같이 매혹적인 청년들과 함께 보내는 시간을 음미했다. 그의 사랑에는 어떤 희생양도 없었다. 하지만 노년 내내 지속되었던 이런저런 로맨틱한 만남들은 그의 소설에 전에는 볼 수 없던 짙은 관능성을 부여하게 된다.

이 무렵 그에게 다른 식으로 큰 영향을 준 사람도 있었다. 이후 『순수의 시대 The Age of Innocence』 등으로 명성을 얻게 되는 뉴욕 출신의 작가 이디스 워튼이다. 부유한 집안 출신의 그녀는 작가로서의 야망 또한 넘쳤다. 헨리 제임스의 또 하나의 카리스마틱한 여자친구였다. 그녀는 예술과 거리가 먼 남편과 사이가 좋지 않았고, 대신 유럽과 미국을 오가며 작품 활동에 전념했다. 하지만 헨리 제임스가 워튼 부인에게 받은 강렬한 인상은 그녀의 작품 세계보다는 그녀가 사는 엄청난 부의 세계에서 기인했다. 물론 헨리 제임스도 여유로운 집안 출신이었지만, 이디스 워튼이 사는 세계는 완전히 다른 차원의 부로 지탱되고 있었다. (이디스의 1년 소득은 헨리 제임스의 25배에 달했다.) 그는 워튼 부인을 통하여 한계 없는 부가 낳은 새로운 차원의 미국을 발견한다.

—

　마침내 『황금의 잔』 집필을 끝낸 헨리 제임스는 아주 오랜만에 미국 방문을 준비한다. 긴 준비 끝에 1904년 8월 뉴욕으로 향한다. 그의 계획에는 동부의 여러 도시뿐만 아니라 멀리 캘리포니아로의 여행 또한 포함되어 있었다. 그는 일단 뉴욕을 거쳐 가족이 사는 보스턴으로 향한다. 워튼 부인의 초대로 매사추세츠에 있는 그녀의 대저택을 방문하기도 한다. 이어 필라델피아로 향한 그는 〈발자크가 주는 교훈〉이라는 제목으로 강연회를 열었는데 결과는 대성공이었다. 그는 사람들의 열광적인 반응에 감격했다. 발자크는 그를 문학의 세계로 인도한 장본인이었다. 더 나아가 그를 영미권의 도덕주의적 문학, 고루한 사회 전통으로부터 자유롭게 한 정신적 스승이었다. 헨리 제임스가 미국 동부의 청교도 세계를 버리고 유럽으로 향하게 만든 장본인이기도 했다. 그런데 그가 도망쳐 나온 고향 땅이 그가 품은 자유의 이상을 마침내 인정해 준 것이다.

이후 그는 수도 워싱턴, 인디애나폴리스, 시카고를 거쳐 마침내 로스앤젤레스에 도착하기까지 정력적으로 강연을 이어 나간다. 미 대륙을 가로지르며 그는 자신의 조국이 가진 터무니없는 넓이에 깊은 인상을 받는다. 그가 느끼기에 미국은 흘러넘치는 돈에 비해 문명의 힘은 너무나도 미약했다. 한편 캘리포니아의 온화한 해변가는 소설가의 마음에 쏙 들었다. 캘리포니아 연안을 거슬러 올라 조카가 사는 시애틀에 도착한 끝에야 그의 기나긴 여정은 끝이 난다.

뉴욕을 거쳐 유럽으로 돌아온 그는 그간 출간한 소설들을 전면적으로 손질하여 개정판으로 묶을 계획을 세운다. 이 개정판을 뉴욕판으로 부르기로 결심한 그의 머릿속에는 존경하는 소설가 발자크의 '인간희극' 총서의 이미지가 떠올라 있었다. 그는 새롭게 수정된 소설들에 일일이 새로운 서문을 붙였다. 특별히 『아메리칸』과 『여인의 초상』은 개작에 가까운 전면적 수정을 가했다. 이 작업에 그는 1905년부터 1909년까지 총 4년여를 소요한다.

이때가 되면 헨리 제임스의 명성은 더욱 깊어져 이후 블룸즈버리 그룹의 일원으로 유명한 소설가 E. M. 포스터, 경제학자 케인스 등의 젊은 세대와의 교류도 활발하게 이루어진다. 버지니아 울프 또한 그의 영향을 강하게 받았다. 소설 『댈러웨이 부인Mrs. Dalloway』(1925) 등에서 영국 상류계급 여성의 일상과 내면을 다루는 울프의 섬세한 주관주의적 시점 묘사에서는 제임스의 그림자가 어른거린다.

사회적 명성이 깊어져 가는 이 시기는 하지만 신체적인 노화가 찾아온 때와도 겹친다. 1909년, 저조한 몸 상태로 인해 의기소침해진 헨리 제임스는 수십 년간 주고받은 편지, 쪽지, 메모 등을 불태워 버린다. 동생이 걱정된 윌리엄 제임스 부부는 아들 해리를 그에게 보내기도 하고, 직접 영국을 방문하기도 한다. 형 가족과 유럽을 여행하는 사이 넷째 동생 로버트슨이 심장마비로 세상을 떠났다는 소식이 전해진다. 그리고 다음 해, 형 윌리엄 제임스 또한 세상을 떠난다. 헨리 제임스는 슬픔 속에서 자전적 기록인『작은 소년A small boy and others』을 구술한다. 그리고 외로운 램 하우스 생활을 접는다. 그는 램 하우스를 신혼 생활을 시작한 조카에게 내주고 런던으로 돌아온다.

1910년대 초, 건강을 회복한 제임스는 다음 장편소설에 대한 구상을 시작했다. 그것은 기괴할 정도로 부유한 미국인들에 대한 이야기가 될 것이다. 이디스 워튼을 통해서 눈뜬 뉴욕의 최상층 부자들을 그려 낼 그 소설의 가제는 '상아탑The Ivory Tower'이었다. 하지만 구상을 끝내기도 전에 고약한 대상포진이 그를 덮쳤다. 온몸을 덮친 극심한 고통 때문에 옷조차 입을 수가 없어서 꼼짝없이 침대에 누워 있어야 했다. 하지만 그럼에도 불구하고 작품 활동을 완전히 놓지는 않았다. 그는 또 다른 자전적 에세이인『아들이자 동생으로서의 기록A Note of a Son and Brother』을 구술 집필하였다. 칠순 생일이 다가오고 있었다.

—

칠순 생일, 오랜 기간 우애를 나누었던 화가 존 싱어 사전트*로부터 초상화를 선물받는다. 이제는 런던의 국립 초상화 미술관에 소장된 초상화 속, 죽음을 목전에 둔 칠순의 헨리 제임스는 여전히 천진한 매력을 가지고 있는 세련된 사교계 인사 같다. 하지만 안타깝게도 현실 속 소설가의 상태는 더욱 나빠진다. 유럽 전체를 덮고 있던 전쟁의 예감 또한 손에 잡힐 듯 선명해진다.

1914년 7월 28일 제1차 세계대전이 시작되었다. 어디에서나 군인들을 만날 수 있었다. 1915년 여름이 되면 이제는 제임스의 여름 별장으로 쓰이게 된 램 하우스가 있는 라이는 제한구역이 되어 허가를 받아야만 방문을 할 수 있게 되었다. 자신의 집으로 가기 위해 매번 허가를 받아야 하는 것에 짜증이 난 그는 영국 시민이 되기로 결심한다. 전쟁의 소용돌이 속에서 제임스는 그가 알던 세계가 조금씩, 돌이킬 수 없이 허물어지기 시작한 것을 느꼈다. 그가 구상했던 이야기들은 순식간에 방향과 요점을 잃어버렸다. 무엇을 써야 할지 더 이상 알 수가 없었다. 몸과 마음의 방황이 계속되는 가운데 1915년 12월 2일 이른 아침, 소설가는 욕실에서 뇌졸중으로 쓰러진 채 발견된다.

헨리 제임스의 마지막 날들은 노년의 그가 구술한 소설을 받아적던 타이피스트 테오도라 보장케와 윌리엄 제임스의 미망인인

* 존 싱어 사전트John Singer Sargent(1856~1925): 미국 출신의 화가. 초상화를 즐겨 그렸다.

앨리스 제임스 두 사람에 의해서 임종 바로 그 순간까지 상세히 기록되어 있다. 기록에 의하면 연이은 뇌졸중 발작 이후 소설가는 정상적인 의식을 유지하지 못했다. 어느 날 그는 자신이 "에딘버그와 더블린, 그리고 뉴욕과 또 다른 내가 모르는 장소가 뒤섞인 괴상한 장소에 있다"고 느낀다. 이후 가족들에게 편지를 쓴 뒤 나폴레옹이라고 서명을 하기도 하고, 혼돈에 가득 찬 무의미한 문장들을 구술하기도 한다. 또한 온통 여자들에게 둘러싸인 자신의 처지를 불평하기도 한다.

결국 다음 해 2월 28일, 저녁 6시경 그는 숨을 거둔다. 그의 곁에는 앨리스 제임스가 있었다. 그녀의 기록 속 헨리 제임스가 죽음에 이르는 장면은 기이하게도 영화 〈2001 스페이스 오디세이〉에서 인공지능 HAL이 죽음에 이르는 장면과도 비슷하게 느껴진다. 죽음이란 그런 것일까? 혹은 기록이란 모든 것을 끔찍하도록 무정하게 만드는 걸까? 앨리스 제임스는 그가 마지막으로 세 번, 그리고 한참 뒤에 아주 약한 숨을 한 번 내쉬었다고 적고 있다.

헨리 제임스의 장례식은 런던에 있는 첼시구교회에서 거행되었다. 키플링*, 영국 총리, 소설가 찰스 디킨스의 딸, 화가 사전트 등이 참여했다. 이후 화장된 시신은, 앨리스 제임스를 통해 보스턴 케임브리지에 있는 가족묘에 안치되었다.

—

* 러디어드 키플링Rudyard Kipling(1865~1936): 영국의 작가.

두 번의 전쟁은 진정 모든 것을 바꾸어 놓았다. 그 결과 헨리 제임스가 그려 낸 세계는 할리우드 영화 속 외계인들의 삶보다도 낯설어진 듯하다. 하지만 그가 환상적인 골동품들의 세계 속에서 발견해 낸 인간 내면의 한계 없는 복잡성은 여전히 신비롭고 찬탄을 불러일으킨다. 인간들은 생각한다. 살아가는 내내 끝없이 느끼고, 경험하고, 이해하고, 실수를 저지르고, 깨닫는다. 생각들은 끊임없이 요동치고 변화한다. 혈통과 부에 짓눌린 지난 세기의 유물들로서의, 새장 속 카나리아와 박물관의 조각상 사이 어딘가에 위치하는, 사회 속에서 점차 지워져 가는, 산 채로 유령이 되어 가는, 지워지지 않기 위해 애쓰는 고립된 상속자들의 필사적인 내면세계를 헨리 제임스는 집요하게 파헤쳤다. 역사와 자본, 문명이라는 이름의 인간적 폭력이 이룩해 낸 찬란한 감옥의 모범수들, 가장 문명화된 동시에 가장 야만적인, 피라미드의 최상층을 살아가는 극소수의 선택된 맹수들로 이루어진 그 신기루 같은 세계의 역사가로서 헨리 제임스는 주어진 임무를 완벽하게 수행했다. 그것은 그의 문학적 자유를 향한 신념, 문학 세계의 한계 없는 풍요로움과 관대함에 대한 확신에서 가능했다. 상상력이라는 만능무기를 지닌 야심 찬 소설가는 문학 안에서 누구보다 강하고 자유로웠다. 하여 누구보다 용감하게 인간들의 가장 내밀한 세계를 들춰볼 수 있었다.

그리고 한 세기 뒤의, 우리 인간들은 여전히 위대한 제국과 잔혹한 지배자들의 이야기에 매혹된다. 왜냐하면 그게 바로 우리 인간들의 가장 인간적인 세계이기 때문이다. 화려한 궁전은 대단했던 인간 문명의 증거이자 동시에 엄청났던 인간들의 폭력을 숭배하는 신전이다. 대영제국의 위대함, 19세기 유럽의 화려함, 도금시대 미국의 막대한 부는 상상을 초월하는 살육전을 통해서 가능했다. 그렇다면 우리가 매혹되는 것은 인간 문명의 위대함인가, 아니면 그 뒤에 감춰진 인간 문명의 끔찍한 야만성인가? 인간이 놓인 이 이율배반의 조건 위에 헨리 제임스의 문학은 놓여 있다.

여기 완벽한 여주인공이, 역사 그 자체인 응접실을 가로지른다. 그곳이 그녀의 무대이며, 그녀의 황금 철창, 피라미드의 꼭대기, 우리 인간들이 이룩한 위대한, 하지만 언젠가 덧없이 파괴되어 버릴, 위태로운 모래성, 잔혹하며 아름다운 문명의 현장이다. 이 세계를 사랑할 것인가? 증오할 것인가? 매혹될 것인가? 경멸할 것인가? 숭배할 것인가?

우리들의 선택과 상관없이 인간들의 세계는 이어진다.

가장 완벽했던 한 시간

헨리 제임스 기행의 마지막 여정이 될 케임브리지 여행은 여러 차례 연기되었다. 책을 시작한 지 1년 반 남짓, 초고를 마무리 지은 다음에야 아슬아슬하게 막차에 올라타듯 보스턴행 기차에 몸을 실을 수 있었다.

보스턴은 뉴욕에서 기차로 4시간 남짓의 거리에 있다. 가벼운 마음으로 떠나기에는 살짝 멀게 느껴진다. 하지만 예상과 달리 기차에서 보낸 시간은 즐거웠다. 내내 동부 해안가에 바짝 붙어 달리는 열차 속에서, 스트랩포드에서 뉴런던까지 코네티컷 주의 여유로운 해안가 풍경을 손에 잡힐 듯 감상할 수 있었던 것이다. 보이지 않는 국경선을 사이에 두고 들판의 색채마저 달라지듯, 기차가 뉴욕 주를 넘어선 직후 풍경은 극적으로 변했다. 노골적으로 말해, 모든 것이 한결 부유해 보였다. 사람들로 엉겨 붙고, 줄줄이

기차 밖 풍경
아슬아슬하게 막차에 올라타듯 보스턴행 기차에 몸을 실었다.

때가 낀 뉴욕의 모습과는 사뭇 달랐다. 황금빛 수평선을 배경으로 선착장에 늘어선 새하얀 보트들의 행렬들이 반복되고 사라지는 동안 기차는 로드아일랜드 주의 주도인 프로비던스를 지나 보스턴에 들어섰다.

보스턴 다운타운에 있는 호텔에 짐을 풀고 곧장 헨리 제임스의 무덤이 있다는 케임브리지 묘지로 향했다. 시간을 절약하겠다며 택시를 탄 것이 문제의 시작이었다. 택시기사는 '케임브리지 묘지'를 케임브리지에 '있는' 묘지로 알아들었는데 문제는 케임브리지에 묘지가 여러 군데 있다는 것이다. 물론 나는 그 묘지들 간의 차이가 뭔지 몰랐다. 마침내 한 묘지의 입구에 도착한 기사는 석연치 않아 하며 내가 불러 준 주소를 몇 번이고 되짚었다. 그러는 사이 내 신경은 온통 계속해서 숫자가 올라가는 요금정산기에 가 있었다. 물론 그 짧은 시간 동안 요금이 얼마나 미친 듯이 올라가겠느냐만은 택시기사가 뜨내기 여행객인 나에게 바가지를 씌우려고 하는 게 아닌가 하는 의혹이 들었던 것이다. 결국 나는 참지 못하고 택시비를 정산하겠노라 선언했고, 순간 기사가 깜짝 놀라며 요금정산기를 멈추었다. 그가 정말로 놀란 듯 보였으므로 나는 약간 미안해졌다. 그는 몹시 억울한 표정으로 손님을 아무 데나 내려 줄 수는 없었다고 말했다. 나는 알겠다고, 이해한다고, 대답했지만 어쨌든 더 이상 의미 없이 택시 안에서 시간을 흘려보내고 싶지가 않았다. 나는 돈을 지불했고 드디어 택시에서 해방된 나는 의기양양하게 눈앞에 보이는 묘지로 걸어 들어갔다.

입구에 안내소가 있었고, 묘지 관리 직원들도 여럿 보였지만 나는 죄다 무시한 채로 구글맵에 의지하여 묘지 안으로 걸어 들어 갔다. 구글맵은 평소와 달리 덜컹거렸고 핸드폰의 배터리가 급하 게 닳아 갔다. 한 시간쯤 헤맸을까, 나는 깨달았다. 여기가 아니 다. 이 묘지가 아니다. 거기는 내가 찾는 케임브리지 묘지가 아니 라 '마운트 어번'이라는 이름의 묘지였다. 당황하여 허둥대는 내 눈앞에 철창으로 된 묘지의 담장 너머로 커다란 표지판이 보였다. 'CAMBRIDGE CEMETERY'.

저기다! 저기 좁은 길 하나만 건너면 들어갈 수가 있겠군⋯⋯. 문제는 이 묘지의 출입구는 하나뿐이라서 왔던 길로 다시 돌아 나 가야 한다는 것. 나는 아주 잠깐 담을 넘을 생각을 했다. 하지 만⋯⋯ 철창에 전기가 흐르고 있지는 않을까? 물론 여기가 불법 이민자 유입 경로 같은 것은 아니지만⋯⋯ 그렇다고 해도 담을 넘 다 걸리면 그게 무슨 개망신인가. 나는 어쩐지 억울한 마음에 택 시기사를 욕하며 다시 30분가량을 뛰다시피 마운트 어번 묘지를 빠져나와 케임브리지 묘지로 갔다.

케임브리지 묘지에 들어섰을 때 핸드폰의 배터리가 30퍼센트 대로 내려섰다. 마침내 헨리 제임스의 무덤이 있다는 프로스펙트 애비뉴를 찾는 데까지는 성공했지만 여전히 그의 무덤은 나타나 지 않았다. 다시금 구글맵을 들여다보는데 갑자기 핸드폰 화면이 깜깜해졌다. 전원 버튼을 누르자 웬일인지 방전표시등이 깜빡였 다. 아직 배터리가 30퍼센트나 남아 있는데? 찜찜했지만, 무덤을 찾는 것이 먼저였다. 나는 핸드폰을 주머니에 넣고 헨리 제임스의

헨리 제임스가 잠들어 있는 캠브리지 묘지

캠브리지 묘지에 들어섰을 때 핸드폰의 배터리가 30퍼센트 대로 내려섰다.

가장 완벽했던 한 시간

헨리 제임스의 가족묘

작가의 무덤은 상상한 것보다 훨씬 소박했다.

무덤을 찾기 시작했다.

마침내 발견한 그의 무덤은 미리 알아본 대로 그의 가족들 무덤과 함께 있었다. 그리고 생각보다 훨씬 더 수수했다. 중앙에 제임스의 아버지와 어머니의 비석이 서 있었고, 헨리 제임스의 비석은 오른쪽 한편, 여동생 앨리스의 비석 바로 옆에 있었다. 화환으로 뒤덮여 있는 위엄 있는 거장의 묘비와 석상 따위를 상상했었는데 엉뚱하게도 우리 가족의 귀염둥이 둘째 ♡헨리♡ 같은 느낌에 더 가까웠다. 나는 조금 실망한 채로 사진을 찍기 위해 핸드폰을 꺼냈는데 그것은 웬일인지 까맣게 죽어 있었다. 아아, 나는 그제야 깨달았다. 핸드폰이 죽었다는 것의 의미를.

나의 모든 것이 죽어 버린 것이다. 나에게는 핸드폰 외에 아무것도 없었다. 메모장도, 볼펜도, 지도도, 사진기도, 연락처도……. 나는 혹시나 하는 마음에 다시 한 번 전원 버튼을 눌러 보았다. 오, 켜졌다! 흥분하여 재빨리 메시지 함을 여는 순간 다시금 화면이 검은색이 되어 전원이 나가 버렸다. 문득 아이폰이 아주 춥거나 더울 때 배터리에 오류가 나서 전원이 꺼진다는 얘기를 들은 기억이 났다. 어떡한담? 나는 멍청하게 죽어 버린 전화기를 바라보았다. 나는 이제 어떻게 해야 하나? 길 잃은 개 한 마리 보이지 않는 처음 보는 공동묘지에서?

나는 이따금 전화기로 바닥을 두드리거나 전원 버튼을 눌러 보면서 한 시간가량을 제임스 가족의 묘지 앞 풀밭에 앉아 있었던 것 같다. 전화기는 이따금 켜졌지만 곧바로 꺼졌다. 언제까지 이러고 있어야 하나……. 대체 뭘 하는 거지……. 그런데 인적 없는 묘지에 홀로 앉아 있는 것은 의외로 나쁘지 않은 경험이었다. 묘지 건너편에 있는 학교의 운동장에서 남학생들이 필드하키를 하고 있었다. 학생들의 고함 소리가, 공이 하키채에 부딪히는 소리가 간간이 들려왔다. 햇살과 바람의 비율은 완벽했다. 그리고 내 앞에는 헨리 제임스의 무덤이 있었다. 아주 낯선 곳이었다. 나와 아무 관련도 없고, 개인적 열정이나 호기심이 있는 장소도 아니었다. 여행의 가장 끝에서 우연히 앉아 있게 된 곳에 가까웠다. 이것은 혹시 하늘이, 혹시 헨리 제임스가 나에게 보내는 메시지가 아닐까? 하지만 그렇다고 보기에는 모든 것이 굉장히 일관되게 나의 멍청함, 무계획성을 웅변해 줄 뿐이었다. 문득, 나는 몇 주 전에 신분증 없이 브루클린의 한 바에서 열린 친구의 생일파티에 갔다가 입장을 거부당했던 기억을 떠올렸다…….

시간은 빠르게 흘러갔다. 햇살은 점점 더 사나워졌고, 바람 또한 냉정해졌다. 축축한 풀밭에 한 시간 넘게 앉아 있자니 엉덩이가 시려 왔다. 그간 단 한 명의 사람도 마주치지 못했다. 여기서 뭘 하고 있는 걸까? 난 궁금했다. 그런데 그 질문이 향하고 있는 상대가 나 자신인지, 아니면 내 앞에 놓인 비석의 주인공인지 영 아리송했다. 그렇다. 나뿐이 아니라, 아니 나보다도, 헨리 제임스라는 소설가의 무덤이 놓여 있기에 이 장소는 어딘가 너무나도 어색해 보였다. 적어도 로마의 어느 언덕, 아니 파리 근교라던가 런던의……. 도대체 뭐 하세요, 여기서? 나는 묻고 싶었다.

그러고 보니 풀밭을 빼곡히 채운 비석들과 그 아래 누워 있는 죽은 자들은 어떻게 해서 여기까지 이르게 된 것일까, 새삼 궁금했다.

　결과적으로 답 없는 궁금증 속에서, 죽은 자들에 둘러싸인 채, 홀로 보낸 그 한 시간은 정말 근사했다. 순수하게 휴식에 가까운 시간이었던 것이다. 현실로부터 슬쩍 떨어져 나와 보이지 않는 틈에 살짝 끼어 버린 듯한 느낌이 이상하게도 평화롭고 위안이 되었다. 물론 그것은 내가 돌아갈 곳이, 충분히 돌아갈 길을 찾을 수 있다는 자신감이 있었기 때문일 것이다.

　햇살이 낮고 길어지는 것을 느낀 나는 마침내 자리에서 일어나 입구를 찾아 걷기 시작했다. 한동안 입구는 보이지 않고 더 많은 비석들만이 나타나고 멀어졌다. 끝없이 늘어선 묘비들 위로 늦은 오후의 햇살이 하염없이 늘어지고 있었다.

　마침내 묘지를 빠져나왔을 때, 입구 앞 대로는 차로 가득했지만 택시는 보이지 않았다. 핸드폰은 여전히 죽어 있었다. 10분가량 서성이던 나는 버스 정류장으로 향했다. 가장 먼저 멈춰 선 버스에 올라탔다. 기사에게 물었다. 요금을 신용카드로 낼 수 있나요? 나는 현금도 교통카드도 없어요. 내 핸드폰이 죽었어요. 기사가 무표정한 얼굴로 수 초간 나를 쳐다보았다. 말 그대로 아무 표정도 떠올라 있지 않았다. 민망해진 내 등 뒤로 차문이 닫혔고, 버스가 출발했다. 나는 조용히 버스 뒤쪽으로 향했다. 몇 분쯤 지나 부끄러움이 약간 가셨을 때, 기사의 그 표정이 뭔지 이해할 것만 같았다. 약 한 달 전 집 앞 지하철역 계단에 엉거주춤 쭈그려 앉은 채

　　　　　　　　　　　　HENRY JAMES

가방을 뒤지고 있는 남자를 봤었다. 그는 나를 보더니 카드를 잃어버렸다면서 차비를 좀 달라고 했다. 남자는 나에게 그런 요청을 하기에는 지나치게 멀쩡해 보였다. 나는 석연치 않은 마음으로 주머니에서 1달러짜리 다섯 장을 꺼내서 남자에게 주었다. 남자가 고마워했고 나는 아무 말없이 떠났다. 아마도 그때 내가 지었던 표정이 방금 저 기사가 지었던 표정이 아니었을까……. 딱 그런 정도의 호의를 우리는 주고받았다. 그렇다. 나는 현실 세계로 돌아온 것이다.

창밖으로 펼쳐진 도시의 풍경을 바라보며 나는 다시금 헨리 제임스를 떠올렸다. 평생을 방랑객으로 살다 간 한 소설가에 대하여. 아무리 생각해도 영 엉뚱한 곳에 놓여 있는 듯한 그의 무덤에 대해서. 다시금 생각한다. 삶의 어떤 지난함과, 우연들, 결국 이렇게 저렇게 되어 버린 많은 일들에 대하여. 그리고 그 이해할 수 없는 행적들과 사건들에 대해서 기어코 의미를 덮어씌우려는, 실패할 것이 뻔한 시도들에 대해서. 아마도 그 가운데 하나가 될, 오직 나와 헨리 제임스의 무덤이 기억하는 한 시간에 대해서도. 기록되지도, 기억될 필요도 없는, 그 완벽했던 한 시간에 대해서.

버스가 하버드 스퀘어 역으로 들어섰다. 퇴근 시간, 인파들이 역을 향해 밀려들고 있었다. 곧 나도 그들 중 하나가 되었다.

나른한 오후의 묘지
끝없이 늘어선 묘비들 위로
늦은 오후의 햇살이 늘어지고 있었다.

헨리 제임스 가족의 지적 유산

헨리 제임스 가족의 지적 전통은 아버지 헨리 제임스 시니어에게서 비롯된다. 엄격한 장로교 신자였던 아버지에게 어린 시절부터 반발심을 가졌던 그는 지적 방황 끝에 신비주의 사상가인 에마누엘 스웨덴보리에 깊이 심취하게 된다. 미국 동부 엘리트 사회에 깊이 퍼져 있는 물질주의에 염증을 느꼈던 그는 영적인 유토피아의 가능성을 찾는 데 평생을 바쳤다. 프랑스의 공상적 사회주의자 푸리에나 『월든』으로 유명한 헨리 데이비드 소로로부터 큰 영향을 받기도 했으나, 평생을 주류 지식인 사회와 일정한 거리를 두고 소수의 사람과 지적 교류를 이어 갔다. 그 가운데에는 저명한 철학자였던 랠프 월도 에머슨이 있다. 『도덕주의와 기독교*Moralism and Christianity; or Man's Experience and Destiny*』(1850), 『실체와 그림자*Substance and Shadow; or Morality and Religion in Their Relation to Life*』(1863) 등 여러 권의 책을 펴냈다.

헨리 제임스 시니어의 평생에 걸친 정신적 세계에 대한 탐구는 자연스럽게 그의 자식들을 문학과 철학, 인문학의 길로 인도했다. 장남 윌리엄 제임스는 19세기 후반 미국에서 가장 영향력 있는 심리학자이자 철학자로 성장하게 된다. 젊은 시절에 미술, 의학, 철학, 심리학 등 다양한 분야를 탐구했던 그는 오랜 세월에 걸친 집필 끝에 출간된 『심리학의 원리*The Principles of Psychology*』를 통해 미국 심리학의 아버지로 불리게 된다. 또한 그는 의식의 흐름stream of consciousness이라는 개념을 창시하였는데, 인간의 의식이 분절되어

아버지와 아들

11세의 헨리 제임스와 그의 아버지.

가장 완벽했던 한 시간

노년의 윌리엄 제임스
헨리 제임스의 형, 윌리엄 제임스

있지 않고 개울물처럼 흐른다고 주장했다. 그의 심리학적 탐구는 제임스 조이스 등의 모더니스트 문학가를 비롯해 뒤르켐, 러셀, 비트겐슈타인 등 미국을 넘어 유럽의 철학자들에게까지 영향을 미치게 된다. 이후 출간된 『실용주의*Pragmatism, a New Name for Some Old Ways of Thinking*』(1907)를 통해 실용주의 철학자로도 이름을 알리게 된 그는 『종교적 경험의 다양성*The Varieties of Religious Experience*』, 『근본적 경험론*Essays in Radical Empiricism*』 등의 여러 저작을 내며 정력적으로 지적 탐구에 매진했다.

월리엄 제임스는 집안의 막냇동생인 병약한 앨리스 제임스와 각별히 가깝게 지냈다. 그녀는 평생 독신으로 지내며 틈틈이 일기를 썼는데, 사후에 출판되어 일기 작가로 유명해졌다. 월리엄 제임스와 헨리 제임스가 여러 나라와 지역을 탐방하며 지적 명성을 쌓았던 것과 달리 막내 앨리스는 사회에서 고립된 채 거의 평생을 부모와 함께 뉴잉글랜드에서 지냈다. 자신의 재능을 펼쳐 낼 충분한 지적 유산과 열정이 있었음에도 여성이라는 이유로 새장 속 카나리아처럼 갇혀 지내야 했던 그녀는 오랜 세월 히스테리 발작으로 고통받기도 했다. 그녀는 자신의 사적인 심정과 사회에 대한 생각을 일기에 고스란히 담았다. 『앨리스 제임스의 일기*The Diary of Alice James*』라는 제목으로 사후 출간된 그녀의 기록에는 극도로 억압적인 빅토리아 시대에 영민한 여성이 느꼈을 고통과 좌절, 그리고 살아남기 위한 투쟁의 기록과 함께 그녀의 눈에 담긴 당대 사람들의 모습과 풍경, 문화 등이 섬세하고도 위트 있게 서술되어 있다.

헨리 제임스 문학의 키워드

01 제국

헨리 제임스가 평생 흠모한 두 작가 오노레 드 발자크와 귀스타브 플로베르는 프랑스 혁명기에 활발한 활동을 보인 작가들이지만 정치적으로 보수주의자들이었다. 즉 새롭게 등장한 민주주의 체제가 아닌 왕정을 지지한 왕정복고파였다. 헨리 제임스는 일생에 정치에 관한 입장을 뚜렷하게 펼친 적은 없지만, 어린 시절에 나폴레옹 황제의 파리를 흠모했고 성년기 이후 민주주의 체제의 고국을 버리고 빅토리아 여왕의 대영제국을 제2의 고향으로 삼아 일생을 보낸 것을 미루어 볼 때 정치적으로 보수적 성향을 가졌으리라 조심스럽게 짐작해 볼 수 있다.

그가 태어나 살아간 19세기 말에서 20세기 초는 격랑으로 가득한 시기였다. 오래된 제국이 차례로 무너져 내리고, 새로운 제국들이 연이어 탄생했다. 제국주의의 심화와 팽창으로 세계는 달뜬 이상주의와 파국의 예감이 교차하는 가운데 전쟁의 입구로 떠밀려 들어가는 중이었다. 헨리 제임스는 혼란한 가운데 현실을 비판하고 대안을 제시하는 타입의 지

헨리 제임스는 붕괴를 목전에 앞둔 제국의 시대를 살았고, 사랑했다. 사진은 영국 하노버 왕가의 시조인 조지1세. 그의 시기 영국에는 의원내각제와 입헌군주제가 뿌리내렸다.

식인은 아니었다. 대신 그는 섬세한 역사가처럼 한없이 기이한 동시대적 리얼리티의 가장 내밀한 곳에 현미경을 가져다 대었다. 전쟁과 함께 타올라 사그라들 세계와 그 세계 속 사람들을 편견 없이 기록했다. 하여 지금은 완전히 잊힌 그 세계의 유물들을 후대 독자들은 마치 박물관을 관람하듯 헨리 제임스의 책을 통해 들여다볼 수 있게 되었다.

02 프랑스 문학

어린 시절을 유럽의 여러 도시에서 보낸 헨리 제임스는 그 가운데 프랑스를 가장 사랑했다. 프랑스어가 익숙했고, 이른 나이부터 프랑스 문학을 원어로 읽으며 성장했다. 특히 발자크는 청소년기부터 그 명성을 접하였고, 평생의 우상이었다. 문학적으로 완숙기에 접어든 뒤에도 그는 발자크의 텍스트를 끊임없이 곱씹으며 소설 쓰기란 무엇인지 근본적인 질문으로 되돌아가곤 했다. 그가 발자크에게서 가장 크게 감명받은 것은 특유의 거침없는 소설적 상상력이었다. 한편 발자크와 정반대로 상상력에 등을 돌린 채 완벽하게 현실 그 자체가 되기를 꿈꾸었던 자연주의의 대가, 플로베르와 그의 제자인 에밀 졸라를 통해서 리얼리티와 환영, 삶과 예술의 경계에 대해서 고민하기도 했다.

헨리 제임스에게 프랑스 문학은 경외의 대상이었다. 그 중에서도 발자크의 인간희극 시리즈는 그가 뛰어넘고자 하는 거대한 산이었다.

헨리 제임스의 문학은 어쩌면 프랑스 문학으로 상징되는 오래된 유럽에 대한 신출내기 미국의 도전과 좌절, 다시 말해 유럽에 대한 정신적 정복을 향한 기나긴 투쟁의 서사라고 볼 수도 있다. 파리를 배경으로 한 첫 소설 『아메리칸』에서 고귀한 프랑스 귀족 처녀를 차지하는 데 실패하고 영국으로 떠났던 미국 총각은 『대사들』에서 어수룩한 중년으로 귀환하여 다시금 혼란 속에서 미국으로 돌아가지만, 마지막 소설 『황금의 잔』에서 부유하고 야심찬 처녀로 귀환하여 온갖 음모를 스스로 돌파하고 마침내 이탈리아인 왕족인 남편의 몸과 마음을 모두 손에 넣는 데 성공한다. 상상력의 힘으로, 소설가는 유럽을 손에 넣는 데 성공한 것이다.

03 미술

어린 시절 형을 따라 그림 수업을 받
곤 했던 헨리 제임스는 역시 형을 따
라 화가의 꿈을 가졌던 시기가 있다.
이후 접긴 했지만 어린 시절의 추억
은 평생 미술과 가까이 지내는 계기
가 된다. 그에게 처음 글쓰기의 길을
권유했던 사람도, 오랜 친구였던 화
가 존 러파지였다. 그의 소설 속 등장
인물들 또한 자주 미술관에 가서 그
림을 감상하며 시간을 보내곤 한다.
『비둘기의 날개』에는 16세기 피렌체
의 화가 브론지노Bronzino의 초상화

화가 사전트가 그려준 작가의 초상화와 그가 자주 머
물던 도시 베니스의 풍경을 담은 그림이 램하우스에
전시되어 있다.

가 주인공 밀리의 미래를 예견해 주는 중요한 상징물로 등장하기도 한다.

화가 존 싱어 사전트와 아주 가까운 친구이기도 했다. 지금은 런던의 국립초상화미술관에
걸려 있는 헨리 제임스의 초상화를 그리기도 했던 그와의 친분은 1884년 파리로 거슬러
올라간다. 젊은 화가 사전트는 어떤 면에서 헨리 제임스와 쌍둥이 같았다. 부유한 집안 출
신의 미국인으로, 일찍부터 유럽적 미감에 눈을 떴다는 점, 상류층 사교계를 예술의 주제
로 삼았다는 점에서 특히 그랬다. 화가는 소설가를 자신의 작업실로 데려가 전시를 앞둔
〈마담 XMadame X〉를 보여 주었다. 헨리 제임스는 그의 뛰어난 재능을 간파하고 런던의 예
술계로 진입할 수 있게 돕는다.

그는 여러 화가들 가운데에서도 베로네제, 브론지노, 티치아노 등 이탈리아 화가들을 특
별히 애정했고, 그 애정은 그의 이탈리아에 대한 사랑으로 연결된다.

04 이탈리아

괴테의 『이탈리아 기행』 이후, 이탈리아를 여행하며 오래된 도시와 미술품, 건축물들을 둘
러보는 것은 교양 있는 부르주아들과 예술가들 사이에 필수 코스가 되었다. 『적과 흑』 『파
르마의 수도원』으로 유명한 문학가 스탕달은 밀라노, 로마 등지에서 거주하며 이탈리아

의 미술과 도시에 대한 책을 내기도 했다. 스탕달에 깊은 감명을 받았던 헨리 제임스 역시 이탈리아를 사랑했다. 여러 도시 가운데서도 베니스가 특히 인연이 깊다. 출세작 『어느 여인의 초상』, 대표적 중편소설 『애스펀의 서편들』이 베니스에서 집필되었다. 평생의 친구인 소설가 페니모어 또한 베니스에서 만났다. 후기 소설 『비둘기의 날개』의 후반부에도 베니스가 등장한다. 주인공 밀리 틸은 베니스의 화려한 맨션에 지내며 생애 최초이자 마지막 기쁨을 맛본다. 그의 소설에 자주 언급되곤 하는 르네상스 화가 베로네제 또한 베니스 출신이다.

한편 『황금의 잔』에는 이탈리아 출신의 왕족이 주요 캐릭터로 등장하며, 초기작 『데이지 밀러』와 『어느 여인의 초상』에는 로마가 주요 무대로 설정되어 있다. 1909년 출간된 에세이집 『이탈리아의 시간』에는 40년 가까이 쌓여 온 소설가의 이탈리아에 대한 애정이 켜켜이 담겨 있다. 밀라노, 베니스, 피렌체, 로마 등으로 이어지는 오래된 도시와 그곳에서 만난 사람들에 대한 다정한 묘사, 박물관을 가득 채운 미술품들에 대한 세세한 비평, 또한 일상 풍경과 현지인들의 문화에 대한 관찰이 풍부하게 담겨 있다. 책을 마무리하며 그는 이탈리아를 사랑하는 것은 대단한 사치라고 찬사의 말을 남긴다.

헨리 제임스는 이탈리아를 사랑했다. 특히 베니스에 머물며 중요 작품을 집필하였다.

헨리 제임스 생애의 결정적 장면

1843 미국 뉴욕에서 태어나다

4월 15일 뉴욕 맨해튼의 워싱턴 플레이스 21번지에서 헨리 제임스(1811~1882)와 메리 제임스(1810~1882)의 둘째 아들로 태어나다.

헨리 제임스가 태어난 뉴욕 다운타운의 풍경

1843~44 부모를 따라 파리와 런던을 방문하다.

1845~47 미국으로 돌아와 올버니에 머물다.

1847~55 뉴욕에서 어린 시절을 보내다.

1855 ~58	제네바, 런던, 파리, 불로뉴쉬르메르에서 학교를 다니고 개인교습을 받다.
1858	가족이 로드아일랜드의 뉴포트로 이주하다.
1859	다시 유럽으로 가다. 스위스 제네바에서 학교를 다니다. 독일 본에서 독일어를 공부하다.
1860	미국으로 돌아와 뉴포트에 머물다. 잠시 미술을 배우다. 토머스 서전트 페리, 존 러파지와 친구가 되다.
1861	남북전쟁 발발 전날 소방관으로 자원봉사하던 중에 부상을 입다.
1862 ~63	하버드 법대에 진학하다. 잡지에 단편 투고를 시작하다.
1864	가족이 매사추세츠 주 케임브리지에 정착하다. 익명으로 쓴 단편과 비평이 잡지에 실리다.
1865	헨리 제임스 본인의 이름으로 발표한 첫 단편소설이 월간 《애틀랜틱》에 실리다.
1866 ~68	창작과 비평 작업에 열중하다.
1869	영국으로 향하다. 존 러스킨, 윌리엄 모리스, 찰스 다윈, 조지 엘리엇 등을 만나다. 프랑스, 스위스, 이탈리아를 여행하다.
1870	사랑하던 사촌 미니 템플이 세상을 떠나다. 케임브리지로 돌아오다.
1871	첫 장편소설 『주야경계』가 《애틀랜틱》에 연재되다.
1872 ~74	여동생 앨리스와 숙모와 함께 유럽을 여행하다. 《네이션》에 인상주의풍의 여행기를 연재하다. 파리에서 가을을 보낸 뒤 새로운 장편소설을 쓰기 위해 이탈리아로 향하다.
1874 ~75	『로드릭 허드슨』을 완성한 뒤 맨해튼에 정착을 시도하다. 《네이션》에 다수의 문학비평을 싣다. 『로드릭 허드슨』을 포함하여 세 편의 책을 출간하다.

1875~1876 파리에서 문학가들을 만나다

파리로 이주한 후 소설가 이반 투르게네프와 친분을 쌓다. 그를 통해 구스타프 플로베르, 에밀 졸라, 알퐁스 도데, 모파상, 에드몽 드 공쿠르를 만나다. 『아메리칸』을 집필하다.

헨리 제임스가 사랑했던 도시 피렌체의 정경

1876	런던으로 이주하여 볼튼가 3번지에 정착하다.
1877	『아메리칸』이 출간되다. 파리, 피렌체, 로마를 재방문하다.
1878	중편소설 『데이지 밀러』가 연재되어 미국과 영국에서 유명세를 얻다. 첫 에세이집 『프랑스의 시인과 소설가들』, 장편소설 『유럽인들』을 출간하다.
1879 ~81	비평서 『호손』, 장편소설 『확신』, 『워싱턴 광장』, 『여인의 초상』 출간.

1882	보스턴을 재방문하다. 생애 처음으로 워싱턴을 여행하다. 어머니와 아버지가 모두 세상을 뜨다.
1883	런던으로 돌아오다. 여행기 『장소들의 초상』 출간.
1884	여동생 앨리스가 영국으로 이주, 제임스와 가까운 곳에서 거주하다. 『소설의 기예』를 《롱맨》에 기고하다.
1885 ~06	『보스턴 사람들』과 『카사마시마 공주』가 잇따라 출간되다. 드비어 가든 34번가로 이사하다.
1887	이탈리아에 머무르다. 주로 피렌체와 베니스에서 시간을 보내다. 미국 출신의 소설가 페니모어 울슨과 교류하다.
1888	장편소설 『반사등』, 중편 『애스펀의 서편들』, 비평집 『미완성의 초상들』을 펴내다.
1889	단편집 『런던 생활』 출간.
1890	『비통의 뮤즈』를 집필하고 펴내다.
1891	『아메리칸』을 연극으로 각색하여 무대에 올리지만 좋은 반응을 얻지 못하다. 이후 네 편의 희곡을 집필하지만 극으로 올리는 데 모두 실패하다.
1892	여동생 앨리스가 세상을 떠나다.
1893	세 권의 단편 소설집이 출간되다.
1894	아주 친했던 작가 페니모어 울슨이 베니스에서 자살하다. 그녀의 무덤이 마련된 로마를 방문하다.
1895	자신이 쓴 희곡 「가이 돔빌」의 첫 공연 날 관중들에게서 야유를 받다. 좌절하여 연극을 포기하다. 아일랜드를 방문하다.
1896	장편소설 『다른 집』 출간.
1897	『포인트 가의 전리품』, 『메이지가 알았던 것』 출간.

1898 램 하우스에 살다

서식스 지방 라이에 있는 램하우스에 장기 거주 계약을 하다. 중편 『나사의 회전』을 발표하다.

1899   『사춘기』를 펴내다. 소설가 조지프 콘래드, H. G. 웰스와 교류하다. 오랫동안 길러
1900   온 수염을 밀어 버리다.
1901   『신성한 샘물』을 출간.
1902   『대사들』『비둘기의 날개』『황금의 잔』을 출간하다. 헨드릭 앤더슨, 조슬린 퍼스
~04   와 교류하다.

헨리 제임스가 노년을 보냈던 램하우스

1904 고향에 오다

21년 만에 미국을 방문하다. 뉴잉글랜드, 뉴욕, 필라델피아, 워싱턴, 남부, 세인트루이스, 시카고, 로스엔젤리스를 방문하다. 발자크에 대한 강연회를 열다.

헨리 제임스의 시신이 안장되어 있는 보스턴의 캐임브리지 묘지의 풍경

1906 ~08	그간 출간한 본인의 책 가운데 선별, 대대적인 수정을 가하여 뉴욕판으로 펴내다. (1909년까지 24권 분량으로 출간.)
1907	여행기 『미국의 장면들』 출간. 소설가 휴 월폴과 친분을 맺다.
1908	연극에 재도전하다.
1909	여행기 『이탈리아의 시간』 출간.
1910 ~11	형 윌리엄 제임스가 세상을 떠나다. 미국을 방문하다.
1912	옥스퍼드대학교에서 명예학위를 받다. 대상포진 발병하다.
1913	칠순 선물로 300명가량의 친구들과 팬들이 소설가와 절친한 화가 존 싱어 사전트에게 부탁하여 초상화를 선물하다. 자전적 수필 『작은 소년』 출간.
1914	『아들이자 동생으로서의 기록』 『소설가들에 대하여』 출간. 제1차 세계대전 발발하다.
1915	영국 시민이 되다. 전쟁에 대한 에세이를 쓰다.
1916	메리트 훈장을 수여받다. 2월 28일 72세의 나이로 세상을 떠나다. 첼시구교회에서 장례식이 거행되다. 화장되어 매사추세츠 주 케임브리지의 가족묘에 안치되다.

참고 문헌

제임스, 헨리, 『나사의 회전』, 최경도 옮김, 민음사, 2005.

제임스, 헨리, 『아메리칸』, 최경도 옮김, 민음사, 1999.

제임스, 헨리, 『워싱턴 스퀘어』, 임정명 옮김, 책세상, 2007.

제임스, 헨리, 『한 여인의 초상 1, 2』, 유희석·유명숙 옮김, 창비, 2013.

플로베르, 귀스타브, 『감정교육 1, 2』, 김윤진 옮김, 펭귄클래식코리아, 2010.

Edel, Leon, *Henry James: A Life*, Harper & Row, 1985.

Eliot, George, *Middlemarch*, Oxford University Press, 2008.

Flaubert, Gustave, Madame Bovary: Provincial Manners, Oxford University Press, 2008.

Frye, Northrop, *Anatomy of Criticism: Four Essays*, Princeton University Press, 1990.

James, Henry, Daisy Miller, Penguin Classics, 2007

James, Henry, *Henry James: Autobiographies: A Small Boy and Others / Notes of a Son and Brother / The Middle Years / Other Writings*, The Library of America, 2016.

James, Henry, *Henry James: Collected Travel Writings: Great Britain and America: English Hours / The American Scene / Other Travels*, Library of America, 1993.

James, Henry, *The Ambassadors*, Oxford University Press, 2008

James, Henry, *The American* (Norton Critical Edition), W. W. Norton & Company, 1978.

James, Henry, *The Art of Fiction*, Published in Longman's Magazine 4 (September 1884), and reprinted in Partial Portraits (Macmillan, 1888).

James, Henry, *The Aspern Papers and Other Stories*, Oxford University Press, 2013.

James, Henry, *The Golden Bowl*, Oxford University Press, 2009.

James, Henry, *The Portrait of a Lady*, Penguin Classics, 2011.

James, Henry, *The Princess Casamassima*, Penguin Classics, 1987.

James, Henry, *The Turn of the Screw and Other stories*, Oxford University Press, 2008.

James, Henry, *The Wings of the Dove*, Oxford University Press, 2009.

James, Henry, What Maisie Knew, Penguin Classics, 2010.

Woolf, Virginia, *Mrs. Dalloway*, Mariner Books, 1990.

Zizek, Slavoj, *The Sublime Object of Ideology*, Verso, 2009.

클래식 클라우드 032

헨리 제임스

1판 1쇄 인쇄 2024년 3월 19일
1판 1쇄 발행 2024년 3월 29일

지은이 김사과
펴낸이 김영곤
펴낸곳 아르테

TF팀 이사 신승철
TF팀 이종배
출판마케팅영업본부장 한충희
마케팅1팀 남정한 한경화 김신우 강효원
출판영업팀 최명열 김다운 권채영 김도연
제작팀 이영민 권경민
책임편집 임정우 교정 김민기
디자인 다함미디어

출판등록 2000년 5월 6일 제406-2003-061호
주소 (10881) 경기도 파주시 회동길 201(문발동)
대표전화 031-955-2100 팩스 031-955-2151

ISBN 979-11-7117-508-6 04000
ISBN 978-89-509-7413-8 (세트)
아르테는 (주)북이십일의 문학·교양 브랜드입니다.

(주)북이십일 경계를 허무는 콘텐츠 리더

네이버오디오클립/팟캐스트 [클래식 클라우드 - 책보다 여행], 유튜브 [클래식클라우드]를 검색하세요.
네이버포스트 post.naver.com/classic_cloud
페이스북 www.facebook.com/21classiccloud
인스타그램 www.instagram.com/21_arte
유튜브 youtube.com/c/classiccloud21